# German Ea

CW01431793

# Magic Munich

**Brian Smith**

Copyright 2018

# Introduction

German Easy Reader 3 is designed to help you get that extra bit of reading practice at a low level, before moving on to more difficult texts. There is some additional vocabulary and grammar to help make the transition to the German Pre-intermediate Reader easier. Words and constructions are from common everyday language and there is a lot of dialogue to give you additional confidence when meeting Germans face to face.

In each chapter you will find the original German text side by side with an English translation. The purpose of the translation is to help you better understand the German text, so the English version follows the German original closely. This makes the English sound peculiar at times but it serves its purpose.

New words are introduced with an English translation in the text. This makes it easier to read the text without having to go back and forth between pages to check the meaning. Please note that the English translations give the meaning used in the text. For full information you should consult a dictionary.

There are many verb tables that show you how to conjugate new verbs correctly.

You may notice as you read through the book that words and sentence structures such as common statements, questions and answers are repeated many times with only slight variations. This constant repetition will enable you to internalize basic German syntax. Once it has become second nature to you it will be much easier to expand your vocabulary without having to give much thought to grammar and syntax.

To help you with the pronunciation an MP3 recording of the German text in each unit is available for free at

3

www.briansmith.de

Go to 'BOOKS' and select 'GER 3'.

To get the most out of this book it would be a good idea to read each chapter a few times on different days and, if you can, listen to the recording while reading. Nature has pre-programmed the human brain to remember things it sees and hears frequently, so repetition is the key to successful language learning.

If you find it easy to understand everything, congratulations. If not, don't worry. Go on to the next chapter and come back to earlier chapters after a few days. You will find that it has become much easier.

And finally, remember that this is a special kind of reader. It was designed to help you learn the most frequent vocabulary and grammatical structures without having to study vocabulary lists or doing grammar exercises. So don't rush through it. Take your time, relax, and improve your German the easy way. Good luck and have fun!

# Inhalt

1. Renate hat Glück     6

2. Der erste Schultag     20

3. Ein ungewöhnliches Tier     28

4. Auf Besuch bei Onkel Wilhelm und Tante Frieda     42

5. Teil 2     52

6. Eine verrückte Geschichte     62

7. Eine seltene Briefmarke     72

8. Das verzauberte Haus     84

9. Eine gute Gelegenheit     94

10. Wieviel Uhr ist es? (In der Umgangssprache)     104

# 1. Renate hat Glück

das Kino – the cinema

Was hat Renate gestern gemacht?
Renate: „Am Vormittag war ich bei mir daheim. Mir war sehr langweilig und ich wusste nicht, was ich machen sollte. Dann hatte ich eine gute Idee. Ich war schon sehr lange nicht mehr im Kino gewesen. Ich wollte ins Kino gehen. Deshalb habe ich um elf Uhr meine Schlüssel und meinen Geldbeutel in meine Handtasche getan. Dann habe ich eine hübsche rote Jacke und ein Paar schwarze Lederschuhe angezogen. Ich habe meine Wohnung verlassen und die Türe abgesperrt. Ich wohne im zehnten Stock. Daher bin ich nicht zu Fuß nach unten gegangen, sondern ich bin mit dem Aufzug gefahren. Von meinem Wohnblock ist es nicht weit bis zur nächsten U-Bahnhaltestelle. In nur fünf Minuten war ich schon dort. Eine Fahrkarte musste ich nicht kaufen, da ich eine Monatskarte habe. Mit der Monatskarte kann ich jeden Tag so viel mit den öffentlichen Verkehrsmitteln fahren, wie ich will. Die Monatskarte kostet sechsundfünfzig Euro. Ich bin mit der Rolltreppe nach unten gefahren und habe auf den nächsten U-Bahnzug gewartet. Ich hatte Glück. Der Zug kam schon nach einer Minute. Manchmal hat man Pech und muss zehn Minuten warten, obwohl auch das nicht sehr lange ist. Es waren nur wenige Leute im Zug und ich habe mich auf einen freien Platz gesetzt. Der Zug ist losgefahren und nach vier Haltestellen war ich am Stachus, wo ich ausgestiegen bin. Der Stachus liegt im Herzen von München. In der Nähe gibt es viele Geschäfte, Restaurants, Hotels und Kinos. Ich bin zu meinem Lieblingskino gegangen und habe geschaut, was für Filme dort gezeigt werden. Ich hatte die Wahl zwischen drei Filmen: einer Komödie, einem Krimi und einem Horrorfilm.

# 1. Renate is lucky

Wir gehen ins Kino. We're going to the cinema.

What did Renate do yesterday?

Renate: "In the forenoon I was at home. I was feeling very bored and didn't know what to do. Then I had a good idea. I hadn't been to the cinema for a long time. I wanted to go to the cinema. That's why I put my keys and purse in my handbag at eleven o'clock. Then I put on a pretty red jacket and a pair of black leather shoes. I left my flat and locked the door. I live on the tenth floor. That's why I didn't go down on foot, but took the lift. From my block of flats it's not far to the nearest metro station. I was there in just five minutes. I didn't have to buy a ticket as I have a monthly ticket. With a monthly ticket I can take public transport every day as often as I want to. The monthly ticket costs fifty-six euros. I went down on the escalator and waited for the next metro train. I was lucky. The train arrived after just one minute. Sometimes you're unlucky and have to wait for ten minutes, though that isn't very long either. There were only few people on the train and I took a seat that was free. The train set off and after four stops I was at Stachus where I got off. Stachus lies in the heart of Munich. There are a lot of shops, restaurants, hotels and cinemas nearby. I went to my favourite cinema and checked what films were being shown there. I had a choice of three films: a comedy, a detective film and a horror film.

Horrorfilme kann ich nicht ausstehen. Ach, das Wort ,ausstehen' kennen Sie vielleicht nicht. Wenn man etwas nicht ausstehen kann, so bedeutet das, dass man es überhaupt nicht mag. Mögen Sie Horrorfilme? Ich mag sie auf jeden Fall nicht. Ich kann sie nicht ausstehen.

sich entscheiden – to decide

| ich habe mich entschieden | wir haben uns entschieden |
|---|---|
| du hast dich entschieden | ihr habt euch entschieden |
| er, sie hat sich entschieden | sie haben sich entschieden |

Da blieb mir also noch die Wahl zwischen der Komödie und dem Krimi. Ich sehe mir sowohl Komödien als auch Krimis gerne an und wie es so schön heißt: Wer die Wahl hat, hat die Qual. Es ist manchmal wirklich nicht leicht sich zu entscheiden. Ich habe mir die Plakate der beiden Filme noch einmal genau angeschaut. Ich habe das Plakat der Komödie und das Plakat des Krimis genau angeschaut. Der Krimi schien mir etwas langweilig zu sein, aber die Komödie sah recht lustig aus. Daher habe ich mich entschieden, die Komödie anzuschauen. Ich bin zur Kasse gegangen, um eine Karte zu kaufen.

,Eine Karte für die Komödie, bitte' habe ich zur Kassiererin gesagt."

Kassiererin: „Dreizehn Euro, bitte."

Renate: „Ich habe der Kassiererin zwanzig Euro gegeben und sie hat mir sieben Euro Wechselgeld und eine Kinokarte gegeben. Dann bin ich in den Kinosaal gegangen und habe mich hingesetzt. Der Sitz war sehr weich und bequem. Ich habe mir nichts zu essen und zu trinken gekauft, denn ich esse und trinke ungern im Kino. Dann habe ich auf den Film gewartet.

I can't stand horror films. Oh, you may not know the word 'stand'. If you can't stand something, it means that you don't like something at all. Do you like horror films? I don't like them in any case. I can't stand them.

| ich entscheide mich | wir entscheiden uns |
|---|---|
| du entscheidest dich | ihr entscheidet euch |
| er, sie entscheidet sich | sie entscheiden sich |

So I only had the choice between the comedy and the detective film. I enjoy watching both comedies and detective films and as they say: It is the agony of choice. Sometimes it really isn't easy to decide. I looked at the two film posters again more closely. I looked at the poster of the comedy and the poster of the detective film closely. The detective film seemed to be a bit boring, but the comedy looked rather amusing. That's why I decided to watch the comedy. I went to the box office to buy a ticket.

'One ticket for the comedy, please' I told the cashier."

Cashier: "Thirteen euros, please."

Renate: "I gave the cashier twenty euros and she gave me seven euros change and the ticket. Then I went into the cinema hall and took a seat. The seat was soft and comfortable. I didn't buy anything to eat or drink as I don't like eating and drinking at the cinema. Then I waited for the film.

Ich musste nicht lange warten. Dann sind die Lichter ausgegangen, der Vorhang hat sich geöffnet und der Film hat begonnen. Es war ein sehr lustiger Film und ich habe viel gelacht. Als der Film zu Ende war, habe ich das Kino wieder verlassen. Es war ein Uhr nachmittags. Man könnte auch sagen: Es war dreizehn Uhr.

Ich hatte Lust auf ein Stück Kuchen und eine Tasse Kaffee. Wenn man auf etwas Lust hat, bedeutet das, dass man gerade etwas möchte. Und da ich auf Kaffee und Kuchen Lust hatte, bin ich natürlich in ein Café gegangen. In München gibt es viele Cafés. Es gefällt mir immer, in ein Café zu gehen. Es riecht dort so schön nach Kaffee und all die Kuchen und Torten sehen einfach wunderbar aus. Gehen Sie auch gerne in ein Café?

| die Bedienung = der Kellner / die Kellnerin |
| --- |

Ich bin also in ein Café gegangen und habe eine Tasse schwarzen Kaffee und ein Stück Käsekuchen bestellt. Die Bedienung hat mir den Kaffee und den Kuchen bald gebracht. Sowohl der Kaffee als auch der Kuchen haben mir gut geschmeckt. Als ich fertig war, habe ich der Bedienung zugewunken und gesagt: ‚Die Rechnung, bitte!'

Die Bedienung hat die Rechnung gebracht und mir gesagt: ‚Acht Euro vierzig, bitte!'

Ich habe ihr zehn Euro gegeben und gesagt: ‚Stimmt so!'

Ich habe der Bedienung also einen Euro sechzig als Trinkgeld gegeben.

Die Bedienung hat sich bedankt und ich habe mich verabschiedet. Das bedeutet, dass ich ‚Auf Wiedersehen' gesagt habe. Wenn man weggeht, ist es normal sich zu verabschieden. Es ist nicht höflich, wenn man weggeht, ohne sich zu verabschieden. Und Leute, die nicht höflich sind, kann ich nicht ausstehen.

I didn't have to wait for long. Then the lights went out, the curtain was drawn and the film began. It was a very funny film and I laughed a lot. When the film was over I left the cinema again. It was one o'clock in the afternoon. One could also say: It was 1 pm.

I felt like a piece of cake and a cup of coffee. When you feel like something this means that you would like to have this at the moment. And as I felt like some coffee and cake I went to a café of course. There are a lot of cafés in Munich. I always enjoy going to a café. There is such a nice smell of coffee there and all the cakes and gateaux just look wonderful. Do you also enjoy going to a café?

So I entered a café and ordered a cup of black coffee and a piece of cheese cake. The waiting staff soon brought me the coffee and cake. Both the coffee as well as the cake were to my liking (lit. tasted good to me). When I had finished I waved to the waiting staff and said: ‚The bill / check, please!'

The waiting staff brought me the bill / check and said: ‚Eight euros forty, please!'
I gave her ten euros and said: 'That's all right!'
So I gave the waiting staff one euro sixty as a tip.

The waiting staff thanked me and I said good-bye. This means that I said ‚Good-bye'. When leaving it is normal to say good-bye. It is not polite to leave without saying good-bye. And I can't stand people who are not polite.

Ich habe das Café also verlassen und auf die Uhr geschaut. Es war erst halb drei. Man könnte auch sagen, es war vierzehn Uhr dreißig. Ich hatte also noch viel Zeit bis zum Abend. Was sollte ich tun? Sollte ich in die Fußgängerzone gehen? Dort gibt es viele Geschäfte und manchmal hört man auch einen Straßenmusikanten, der Musik spielt. Nein, ich hatte keine Lust in die Fußgängerzone zu gehen, weil ich diesen Monat schon mehrmals dort war.

Doch wozu hatte ich Lust? Da kam mir ein guter Gedanke. Es war ja gerade Frühling und im Frühling gibt es auf der Theresienwiese das Frühlingsfest. Das Frühlingsfest war dieses Jahr vom zwanzigsten April bis zum sechsten Mai. Man könnte auch sagen: Das Frühlingsfest findet vom 20. April bis zum 6. Mai statt.

Das Frühlingsfest ist nicht so bekannt wie das Oktoberfest, aber es ist auch sehr schön und man kann dort viel Spaß haben. Für ‚Spaß haben' sagen die Bayern oft auch Gaudi. Das Frühlingsfest ist ebenso wie das Oktoberfest eine große Gaudi. Im Frühlingsfest gibt es genauso wie im Oktoberfest viele Fahrten und Bierzelte, aber auf einem Teil der Theresienwiese gibt es einen sehr großen Flohmarkt. Einen Flohmarkt gibt es auf dem Oktoberfest nicht.

Ich hatte also Lust, zum Frühlingsfest zu gehen. Doch wie sollte ich vom Stachus zur Theresienwiese gelangen? Ich konnte entweder zwei Haltestellen mit der U-Bahn fahren oder zu Fuß gehen. Ich überlegte es mir. Müde war ich nicht, da ich den ganzen Tag lang gesessen war. Daher beschloss ich zu Fuß zu gehen. Man könnte auch sagen: Ich habe mich entschieden, zu Fuß zu gehen.

Ich bin also losgegangen und nach nur zwanzig Minuten stand ich am Eingang zur Theresienwiese. Über dem Eingang stand in großen Buchstaben:

HERZLICH WILLKOMMEN

So I left the café and checked my watch. It was only half past two. One could also say it was two thirty pm. So I still had a lot of time left till the evening. What should I do? Should I go to the pedestrian area? There are a lot of shops there and you sometimes hear a busker playing music. No, I didn't feel like going to the pedestrian area as I had already been there several times this month.

But what did I feel like? Then I had a good thought. It was spring at the moment and in springtime there is a spring festival on the Theresienwiese. This year the spring festival was from the twentieth of April till the sixth of May. One could also say: The spring festival takes place from 20$^{th}$ April until 6$^{th}$ May.

The spring festival is not as well-known as the Oktoberfest, but it's also very nice and you can have lots of fun there. For 'have fun' Bavarians often say 'Gaudi' (from Latin 'gaudium = fun). The spring festival is lots of fun just like the Oktoberfest. At the spring festival there are lots of rides and beer tents just like at the Oktoberfest, but on one part of the Theresienwiese there is a large flea market. There is no flea market at the Oktoberfest.

So I felt like going to the spring festival. Yet how was I to get from Stachus to Theresienwiese? I could either go two stops on the metro or go on foot. I considered the matter. I wasn't tired, as I had been sitting all day long. Hence I decided to go on foot. One could also say: I decided to go on foot.

So I set off and after a mere twenty minutes I was standing at the entrance of the Theresienwiese. Across the entrance was written in large letters:

A HEARTFELT WELCOME

Ich habe das Frühlingsfest betreten und mich umgeschaut. Wilde Fahrten kann ich nicht ausstehen, aber ich hatte Lust auf ein Bier und eine Breze. Ich habe mich daher in ein großes Bierzelt gesetzt. Dort habe ich eine Halbe Helles getrunken und eine Breze gegessen. Es war sehr schön dort. Danach bin ich zum Flohmarkt gegangen.

Zum Glück war das Wetter gut. Es hat nicht geregnet, es waren keine Wolken am Himmel und der Wind hat nicht geweht. Der Himmel war blau und die Sonne schien. Es war angenehm warm in der Sonne.

Ein Karussell auf dem Frühlingsfest
Rechts hinten die Frauenkirche

I entered the spring festival and looked around. I can't stand wild rides, but I felt like some beer and a pretzel. That's why I took a seat in a large beer tent. There I drank a pint of lager and ate a pretzel. It was very nice there. After that I went to the flea market.

Fortunately the weather was fine. It didn't rain, there were no clouds in the sky and there was no wind blowing. The sky was blue and the sun was shining. It was pleasantly warm in the sunshine.

In einem Bierzelt auf dem Frühlingsfest

Flohmarkt auf der Theresienwiese
Hinten die Bavaria und die Ruhmeshalle

der Stand – the stall

Der Flohmarkt war sehr groß. Er war riesig. Auf dem Flohmarkt sind viele Menschen zwischen den vielen Ständen herumgegangen. An jedem Stand gab es andere Sachen zu kaufen. Am ersten Stand, zu dem ich gegangen bin, wurden Bücher verkauft. Es waren alte Bücher. Manche Bücher waren über hundert Jahre alt. Die Bücher haben mir gefallen, aber ich habe keins gekauft.

Am nächsten Stand gab es viele, alte Sachen. Da waren Briefmarken und Postkarten. Es gab auch viele Münzen und alte Geldscheine. Münzen aus Gold gab es nicht, aber es gab Münzen aus Kupfer und Silber. Kupfer kostet nicht viel, aber Gold und Silber sind teuer. Auch an diesem Stand habe ich nichts gekauft.

Dann bin ich zu einem Stand gegangen, an dem alte Telefone, Radios und Fernseher verkauft wurden. Ein altes Radio hat mir gefallen. Das Radio war über siebzig Jahre alt. Ich wollte es kaufen."

Renate: ‚Wie viel kostet dieses Radio?'
Verkäufer: ‚Es kostet neunzig Euro.'
Renate: ‚Das ist teuer. So viel Geld habe ich nicht.'
Verkäufer: ‚Also gut, siebzig Euro.'

**Der Verkäufer hatte ein altes Radio.**
The seller had an old radio.
**Das Radio des Verkäufers war aus Holz gemacht.**
The radio of the seller was made of wood.
**Ich habe dem Verkäufer hundert Euro für das Radio gezahlt.**
I paid the seller a hundred euros for the radio.
**Ich habe den Verkäufer danach nicht mehr gesehen.**
I didn't see the seller after this again.

The flea market was very big. It was huge. A lot of people were walking about between the stalls at the flea market. There were things for sale at each stall. At the first stall that I went to there were books for sale. They were old books. Some of the books were more than a hundred years old. I liked the books, but I didn't buy any.

At the next stall there were a lot of old things. There were stamps and postcards. There also were a lot of coins and old banknotes / bills. There were no coins made of gold, but there were coins made of copper and silver. Copper doesn't cost much, but gold and silver are expensive. I didn't buy anything at this stall either.

Then I went to a stall where old telephones, radio sets and TV sets were for sale. There was an old radio that I liked. The radio was more than seventy years old. I wanted to buy it."

Renate: "How much does this radio cost?"

Seller: "It costs ninety euros."

Renate: "That's too expensive. I haven't got that much money."

Seller: "All right, seventy euros."

Renate: ‚Ich kann Ihnen sechzig Euro zahlen.'

Verkäufer: ‚Sagen wir fünfundsechzig Euro und das Radio gehört Ihnen.'

„Ich habe fünfundsechzig Euro aus meinem Geldbeutel genommen und dem Verkäufer das Geld gegeben. Der Verkäufer hat das Radio in eine Tasche gepackt und mir gegeben. Ich wollte noch zu anderen Ständen gehen und mir andere Sachen anschauen, aber das Radio war schwer. Da das Radio schwer war, habe ich den Flohmarkt verlassen und bin mit der U-Bahn nach Hause gefahren.

Daheim habe ich das Radio aus der Tasche genommen und es auf den Tisch gestellt. Das Radio war aus Holz. Es war hellbraun. Vorne gab es zwei graue Knöpfe. Aber warum war das Radio so schwer? Ich habe das Radio umgedreht und von hinten angeschaut. Man konnte das Radio von hinten öffnen. Ich habe das Radio von hinten geöffnet und hineingeschaut. Da wusste ich, warum das Radio so schwer war.

In dem Radio war altes Geld versteckt. Das Geld war über fünfzig Jahre alt. Ich habe das Geld gezählt. Es waren zwanzigtausend D-Mark, also zehntausend Euro, in dem Radio. Ich konnte es nicht glauben, dass ich so viel Glück hatte.

Renate: 'I can pay you sixty euros.'
Seller: 'Let's say sixty-five euros and the radio is yours.'

"I took sixty-five euros from my purse and gave the money to the seller. The seller packed the radio in a bag and gave it to me. I still wanted to go to other stalls and look at other things there, but the radio was heavy. As the radio was heavy I left the flea market and took the metro back home.


At home I took the radio from the bag and put it on the table. The radio was made of wood. It was light brown. At the front there were two grey knobs. But why was the radio so heavy? I turned the radio around and looked at it from behind. You could open the radio from behind. I opened the radio from behind and looked inside. Then I knew why it was so heavy.

Old money was hidden inside the radio. The money was more than fifty years old. I counted the money. There were twenty thousand German marks, that is ten thousand euros, in the radio. I couldn't believe that I was so lucky.

# 2. Der erste Schultag

die Ferien – school holidays / vacation

Nach den Sommerferien beginnt für Kinder in Bayern die Schule am elften September. Heute ist der zehnte September. Florian ist sechs Jahre alt und morgen ist sein erster Tag in der Schule. Was wird er morgen machen? Er wird um sieben Uhr aufstehen. Er wird sich anziehen und zum Tisch gehen. Am Tisch werden seine Eltern und er frühstücken. Sie werden Semmeln mit Butter und Marmelade essen. Florian isst gerne Semmeln mit Butter und Erdbeermarmelade. Dazu wird er ein Glas Milch trinken.

Werden seine Eltern auch Milch trinken? Nein, sein Vater wird Kaffee trinken und seine Mutter wird Tee trinken. Nach dem Frühstück wird Florians Vater in die Arbeit fahren. Wie wird er in die Arbeit fahren? Er wird mit dem Auto in die Arbeit fahren.

Was werden Florian und seine Mutter machen? Werden sie sofort zur Schule gehen? Nein, das werden sie nicht. Sie werden nicht sofort zur Schule gehen. Florian kommt in die erste Klasse. Die Schule beginnt für ihn erst um neun Uhr.

Wird er eine Schuluniform tragen? Nein, er wird keine Uniform tragen. Schulkinder in Deutschland tragen keine Uniform. Er darf tragen, was er will. Natürlich wird ihm seine Mutter schöne Kleider und Schuhe geben. Wird ihm seine Mutter noch etwas geben? Ja, sie wird ihm eine Schultüte geben.

## 2. The first day at school

After the summer holidays / vacation school starts for children in Bavaria on eleventh of September. Today is tenth of September. Florian is six years old and tomorrow is his first day at school.

What is he going to do tomorrow?

He is going to get up at seven o'clock. He is going to get dressed and go to the table. At the table his parents and he are going to breakfast. They are going to eat bread rolls with butter and jam. Florian likes eating bread rolls with butter and strawberry jam. With this he is going to drink a glass of milk.

Are his parents also going to drink milk? No, his father is going to drink coffee and his mother is going to drink tea. After breakfast Florian's father is going to go to work. How is he going to go to work? He is going to go to work by car.

What are Florian and his mother going to do? Are they going to go to school at once? No, they are not going to do so. They're not going to go to school at once. Florian is going to be in year one. School only starts at nine o'clock for him.

Is he going to wear a school uniform? No, he won't be wearing a school uniform. School children in Germany don't wear a uniform. He may wear whatever he likes. Of course his mother is going to give him nice clothes and shoes. Is his mother going to give him anything else? Yes, she is going to give him a school cone.

die Schultüte

Kinder in Deutschland bekommen an ihrem ersten Schultag eine Schultüte. Was ist in der Schultüte? In der Schultüte sind kleine Geschenke. Da gibt es Süßigkeiten, Farbstifte, Bleistifte, ein Lineal, einen Radiergummi und einen Zeichenblock.

die Süßigkeiten

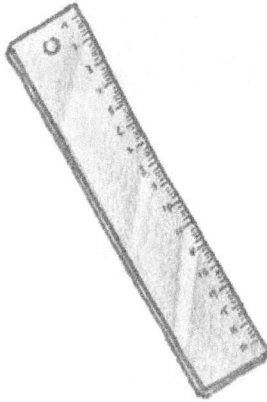

das Lineal

Children in Germany get a school cone on their first day at school. What is in the school cone? There are little gifts in the school cone. There are sweets, colour crayons, pencils, a ruler, a rubber / eraser and a sketch block.

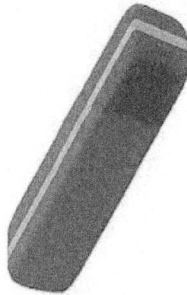

der Radiergummi

Florian weiß, dass er morgen eine Schultüte bekommen wird. Er freut sich schon auf die kleinen Geschenke in der Schultüte. Um acht Uhr dreißig, also um halb neun, werden Florian und seine Mutter von zu Hause weggehen. Sie wohnen ganz in der Nähe der Schule. Sie werden nur zehn Minuten brauchen, um zur Schule zu gehen. Daher werden sie um zwanzig vor neun an der Schule ankommen.

Was werden sie vor der Schule machen? Florians Mutter ist sehr glücklich, dass ihr Sohn in die Schule kommt. Deshalb wird sie viele Fotos von ihm machen. Sie wird eine Kamera mitnehmen. Mit der Kamera wird sie Florian vor der Schule fotografieren. Jemanden fotografieren bedeutet, dass man Fotos von dieser Person macht.

Freut sich Florian, dass ihn seine Mutter fotografieren wird? Nein, er freut sich nicht. Er weiß, dass seine Mutter viele Fotos machen wird. Er findet das sehr langweilig. Aber er freut sich auf die Schule. Er möchte wissen, wer in seiner Klasse sein wird und er möchte wissen, wer seine Lehrerin sein wird. Natürlich freut er sich auch darauf, nach der Schule wieder nach Hause zu gehen. Seine Schultüte darf er erst öffnen, wenn er nach der Schule wieder zu Hause ist.

Florians erster Schultag wird sehr schön sein.
Was ist mit Ihnen? Wie war Ihr erster Schultag?
Mein erster Schultag war schön. Mein erster Schultag war schlimm.

Haben Sie sich gefreut oder hatten Sie Angst?
Ich habe mich gefreut. Ich hatte Angst.

Haben Sie eine Schultüte bekommen?
Ich habe eine Schultüte bekommen. Ich habe keine Schultüte bekommen.

Florian knows that he'll be getting a school cone tomorrow. He is looking forward to the small gifts in the school cone. At eight thirty, i.e. at half past eight, Florian and his mother are going to set off from home. They live quite near to the school. They'll only need ten minutes to walk to the school. Hence they are going to arrive at the school at nine to eight.

What are they going to do in front of the school? Florian's mother is very happy that her son will be going to school. That's why she is going to take a lot of photos of him. She is going to take a camera along. She is going to photograph Florian in front of the school with the camera. To photograph someone means taking photographs of that person.

Is Florian happy that his mother wants to photograph him? No, he isn't happy about this. He knows that his mother is going to take a lot of photos. He thinks this is very boring. But he is looking forward to school. He wants to know who is going to be in his class and he wants to know who his teacher is going to be. Naturally he is also looking forward to going back home again after school. He is only allowed to open his school cone when he is back home again after school.

Florian's first day at school is going to be very nice.
How about you? What was your first day at school like?
My first day at school was nice. My first day at school was terrible.

Were you happy or afraid?
I was happy. I was afraid.

Did you get a school cone?
I got a school cone. I didn't get a school cone.

Haben Sie Geschenke bekommen?
Ich habe Geschenke bekommen. Ich habe keine Geschenke bekommen.

Haben Sie eine Schuluniform getragen oder haben Sie normale Kleider getragen?
Ich habe eine Schuluniform getragen. Ich habe keine Schuluniform getragen.

Ich hoffe Ihr erster Schultag war schön. Es ist schade, wenn jemand an der Schule unglücklich ist.

| Nominativ | Die Schultüte ist blau. |
|-----------|-------------------------|
| Genitiv | Die Farbe der Schultüte ist Blau. |
| Dativ | In der Schultüte sind Geschenke. |
| Akkusativ | Florian hat die Schultüte gesehen. |

| Nominativ | Das Lineal ist lang. |
|-----------|-------------------------|
| Genitiv | Die Farbe des Lineals ist Grau. |
| Dativ | Auf dem Lineal ist ein Aufkleber. |
| Akkusativ | Ich habe das Lineal in die Tasche getan. |

| Nominativ | Der Radiergummi liegt auf dem Tisch. |
|-----------|-------------------------|
| Genitiv | Die Länge des Radiergummis ist 3 cm. |
| Dativ | Auf dem Radiergummi steht ein Name. |
| Akkusativ | Sie hat den Radiergummi in die Schultüte getan. |

Did you get any gifts?
I got gifts. I didn't get any gifts.

Were you wearing a school uniform or normal clothes?
I was wearing a school uniform. I didn't wear a school uniform.

I hope your first day at school was nice. It's a pity when someone is unhappy at school.

---

**Ich habe das alte Motorrad fotografiert.**
I took a photo of the old motorbike.
**Du hast die riesige Kirche fotografiert.**
You took a photo of the huge church.
**Sie hat die glücklichen Kinder fotografiert.**
She took a photo of the happy children.
**Wir haben den gefährlichen Löwen fotografiert.**
We took a photo of the dangerous lion.
**Ihr habt den großen Park fotografiert.**
You took a photo of the big park.
**Sie haben das verzauberte Haus fotografiert.**
They took a photo of the enchanted house.

---

## 3. Ein ungewöhnliches Tier

Ulrike wohnt in Hamburg. Diesen Sommer besucht sie ihre Freundin Agnes in München. Agnes weiß, dass Ulrike Tiere liebt. Deshalb möchte Agnes nicht nur mit Ulrike den Tierpark besuchen, sondern sie möchte Ulrike auch Tiere aus Bayern zeigen. Ein besonderes Tier ist der Wolpertinger. Der Wolpertinger ist ein Tier, das es nur in Bayern gibt.

ungewöhnlich – unusual
selten – rare

Der Wolpertinger hat den Körper eines Hasen, das Geweih eines Rehs und Flügel wie ein Vogel. Der Wolpertinger ist also ein sehr ungewöhnliches Tier. Der Wolpertinger ist auch ein sehr seltenes Tier. Auf der Erde gibt es viele seltene Tiere. Der Panda in China ist selten und der Wolf in Deutschland ist selten. Der Wolpertinger ist so selten, dass man ihn im Wald oder auf dem Land nie sieht. Der einzige Ort wo man noch einen Wolpertinger sehen kann, ist das Jagd- und Fischereimuseum.

Reh mit Geweih

# 3. An unusual animal

Ulrike lives in Hamburg. This summer she's visiting her friend Agnes in Munich. Agnes knows that Ulrike loves animals. That's why Agnes does not only want to visit the zoo with Ulrike, she would also like to show Ulrike animals from Bavaria. A special animal is the wolpertinger. The wolpertinger is an animal that only exists in Bavaria.

The wolpertinger has the body of a hare, the horns of a deer and wings like a bird. Hence the wolpertinger is a very unusual animal. The wolpertinger is also a very rare animal. There are many rare animals on the Earth. The panda in China is rare and the wolf in Germany is rare. The wolpertinger is so rare that you never see it in a forest or in the country. The only place where you can still see a wolpertinger is the Hunting and Fisheries Museum.

die Flügel

der Hase

Daher möchte Agnes mit Ulrike das Jagd- und Fischereimuseum besuchen. Ulrike liebt Tiere. In diesem Museum gibt es aber nur tote Tiere. Ist es eine gute Idee, mit Ulrike dieses Museum zu besuchen? Wir werden sehen.

Wie reist Ulrike von Hamburg nach München? Sie fährt mit der Bahn. Ein sehr schneller Zug – er heißt ICE – fährt in fünf Stunden und fünfundvierzig Minuten von Hamburg nach München. Der ICE kann 250 km pro Stunde (250km/h) fahren. Ulrike hat neunundneunzig Euro (€99) für die Fahrkarte gezahlt.

Der ICE kommt am Nachmittag um dreizehn Uhr am Hauptbahnhof in München an. Agnes wartet schon auf sie auf dem grauen Bahnsteig. Der Zug hält und die Türen öffnen sich. Viele Menschen steigen aus dem Zug aus. Auch Ulrike steigt aus dem Zug aus. Sie hat einen kleinen, roten Koffer. Als sie aus dem Zug ausgestiegen ist, sieht sie Agnes. Sie winkt und ruft ihr zu: „Hallo Agnes!"

„Servus Ulrike! Schön dich zu sehen. Wie war die Fahrt?"

„Die Fahrt hat mir gut gefallen. Der Zug ist sehr schnell und bequem. Wenn man mit dem Zug durch Deutschland fährt, kann man viel sehen."

„Das freut mich. Hast du schon gegessen?"

„Nicht seit dem Frühstück in Hamburg. Man kann im Zug essen, aber ich habe mir gedacht, dass das Essen in München viel besser ist."

Ein ICE am Hauptbahnhof in München

30

That's why Agnes would like to visit the Hunting and Fisheries Museum with Ulrike. Ulrike loves animals. In this museum, however, there are only dead animals. Is it a good idea to visit this museum with Ulrike? We shall see.

How is Ulrike travelling from Hamburg to Munich? She is going by train. A very fast train – it's called ICE – takes five hours and forty-five minutes to go from Hamburg to Munich. The ICE can go at 250 km per hour. Ulrike has paid €99 for the ticket.

The ICE arrives at the main station in Munich in the afternoon at 1pm. Agnes is already waiting for her on the grey platform. The train stops and the doors open. A lot of people get off the train. Ulrike, too, gets off the train. She has a small, red suitcase. When she has got off the train she spots Agnes. She waves and calls to her "Hello Agnes!"

"Hi, Ulrike! Nice to see you. How was the trip?"
"I enjoyed the trip. The train is very fast and comfortable. When you go through Germany by train you can see a lot."
"I'm glad to hear. Have you eaten yet?"
"Not since breakfast in Hamburg. You can eat on the train, but I thought that the food in Munich is much better."

vorschlagen – to suggest

| | |
|---|---|
| ich schlage vor | wir schlagen vor |
| du schlägst vor | ihr schlagt vor |
| er, sie, es schlägt vor | sie schlagen vor |

"Da hast du natürlich recht. Ich schlage vor, wir bringen deinen Koffer zu mir nach Hause und gehen dann in der Stadt essen. Nach dem Essen möchte ich dir noch ein Tier zeigen, das du noch nie gesehen hast."

„Was, hier in München? Werden wir zum Tierpark gehen?"

„Nein, in den Tierpark gehen wir nicht. Es ist ein ungewöhnliches Tier. Es ist auch sehr selten. Dieses Tier gibt es im Tierpark nicht. Ich werde dir einen Wolpertinger zeigen." Dann lacht Agnes und sagt Ulrike nichts weiter über den Wolpertinger.

Wo wohnt Agnes? Agnes wohnt in Pasing. Pasing ist ein Stadtteil von München.

Wie kommt man vom Hauptbahnhof nach Pasing? Vom Hauptbahnhof kann man mit der S-Bahn nach Pasing fahren.

links – left
rechts – right

Agnes geht vor in Richtung der S-Bahn. Ulrike folgt ihr und zieht ihren roten Koffer hinter sich her. Sie fahren mit der Rolltreppe nach unten zur S-Bahnhaltestelle. Die beiden Freundinnen stehen rechts auf der Rolltreppe. Links gehen einige Kinder die Rolltreppe hinunter. Wenn man auf der Rolltreppe stehen möchte, soll man das auf der rechten Seite machen, denn die linke Seite ist für Leute, die gehen. Darum sagt man: Rechts stehen, links gehen.

Auf dem Bahnsteig warten sie auf den Zug. Sie müssen nicht lange warten, da die Züge alle zwei bis drei Minuten kommen.

Wohnt Agnes in einer Wohnung oder einem Haus? Sie wohnt in einem Haus. Das Haus ist in der Nähe der S-Bahnhaltestelle Pasing. Als die beiden Freundinnen dort ankommen, sperrt Agnes nur kurz die Türe auf, so dass Ulrike ihren Koffer hineinstellen kann.

"You're right there, of course. I suggest we take your suitcase to my home and then we'll go eating in town. After lunch I would like to show you an animal you have never seen before."

"What, here in Munich? Are we going to go to the zoo?"

"No, we're not going to the zoo. It's an unusual animal. There is no such animal in the zoo. I'm going to show you a wolpertinger."

Then Agnes laughs and doesn't tell Ulrike any more about the wolpertinger.

Where does Agnes live? Agnes lives in Pasing. Pasing is a borough in Munich.

How do you get to Pasing from the main station? From the main station you can take the suburban train to Pasing.

Agnes goes ahead towards the suburban train. Ulrike follows her and pulls her red suitcase behind. They go down to the train station on the escalator. The two (female) friends are standing on the right on the escalator. On the left some children are walking down the escalator. If you want to stand on the escalator you should do so on the right side, as the left side is for people to walk. Hence we say: Stand on the right, walk on the left.

They await the train on the platform. They don't have to wait for long as trains come every two to three minutes.

Does Agnes live in a flat or a house? She lives in a house. The house is near to the suburban train stop Pasing. When the two friends arrive there Agnes just unlocks the door briefly for Ulrike to put her suitcase in.

Dann sperrt Agnes die Türe mit ihrem Schlüssel wieder ab. Sie gehen zurück zur S-Bahn und fahren wieder in die Stadt.

die Speisekarte – the menu
der Schweinebraten – roast pork
der Knödel – the dumpling
die Bratwurst – fried pork sausage
das Sauerkraut – sourcrout, choucroute, pickled cabbage

Fahren sie zurück zum Hauptbahnhof? Nein, sie fahren mit der S-Bahn zum Marienplatz. Am Marienplatz gehen sie in ein Restaurant. Ulrike liest sich die Speisekarte durch. Auf der Speisekarte kann man lesen, was es zu essen und zu trinken gibt. Als Ulrike die Speisekarte fertig gelesen hat, sagt sie:
„Ich möchte eine Halbe Helles und einen Schweinebraten mit Knödel. Was möchtest du?"
„Ich möchte ein Glas Wein und dazu Bratwürste mit Sauerkraut."

Sie sagen der Kellnerin, was sie möchten und ratschen dann, bis ihr Essen kommt. Ulrike und Agnes haben sich lange nicht mehr gesehen. Deshalb haben sie viel zu sagen. Sie ratschen über vieles. Nur während dem Essen ratschen sie nicht viel. Sie haben Hunger und das Essen schmeckt so gut, dass sie nicht viel Zeit zum Ratschen haben.
Nach dem Essen winkt Ulrike der Kellnerin zu und sagt: „Die Rechnung, bitte."
Die Kellnerin bringt die Rechnung und sagt: „Vierundzwanzig Euro fünfunddreißig, bitte."
Ulrike gibt der Kellnerin einen Zwanzigeuroschein, einen Fünfeuroschein, eine Zweieuromünze und eine Eineuromünze. Zusammen also achtundzwanzig Euro. Dann sagt Ulrike: „Stimmt so."

34

Then Agnes locks the door with her key again. They go back to the suburban train and go back into town.

ratschen – to chat

| ich ratsche | wir ratschen |
|---|---|
| du ratschst | ihr ratscht |
| er, sie ratscht | sie ratschen |

Are they going back to the main station? No, they're taking the suburban train to Marienplatz. At Marienplatz they go into a restaurant. Ulrike reads through the menu. On the menu you can read what there is to eat and drink. When Ulrike has finished reading the menu she says "I would like to have a pint of lager and roast pork with dumplings. What would you like?"

"I would like a glass of wine and with it roast sausages with sourcrout."

They tell the waitress what they want and then chat until their food arrives. Ulrike and Agnes haven't seen one another for a long time. That's why they have much to tell. They chat about many things. Only during their meal they don't talk much. They are hungry and the food tastes so good that they don't have much time for chatting.

After the meal Ulrike waves to the waitress and says "Bill / Check, please."

The waitress brings the bill / check and says "Twenty-four euros thirty-five, please."

Ulrike gives the waitress a twenty euro note, a five euro note, a two euro coin and a one euro coin. Twenty-eight euros altogether. Then Ulrike says "Keep the change".

Die Kellnerin lächelt und bedankt sich. Sie sagt: „Danke!"
Warum hat sich die Kellnerin bedankt? Sie hat sich bedankt,
weil Ulrike ihr ein Trinkgeld gegeben hat. Wie hoch war das
Trinkgeld? Das Trinkgeld war drei Euro fünfundsechzig.
Agnes geht noch aufs Klo. Dann verlassen die beiden
Freundinnen das Restaurant.

Zwei Stunden nachdem Ulrike am Bahnhof angekommen
ist, haben die beiden Freundinnen den Koffer in der Wohnung
von Agnes gelassen und sie haben gegessen. Jetzt gehen sie
vom Marienplatz aus durch die Fußgängerzone. In der
Fußgängerzone gehen viele Menschen umher. Manche essen
ein Eis und andere stehen da und hören einem
Straßenmusikanten zu. Wieder andere Leute schauen sich die
Geschäfte an. Ulrike und Agnes gehen durch die
Fußgängerzone, bis sie zum Jagd- und Fischereimuseum
kommen. Vor dem Museum steht ein Wildschwein:

Ein Wildschwein vor dem Eingang des Jagd- und
Fischereimuseums

The waitress smiles and thanks her. She says "Thank you!".
Why did the waitress say "Thank you"? She said "Thank
you" because Ulrike gave her a tip. How much was the tip?
The tip was three euros sixty-five.
Agnes goes to the loo. Then the two friends leave the
restaurant.

Two hours after Ulrike arrived at the station the two friends
have left the suitcase in Agnes' flat and they have eaten. Now
they're walking from Marienplatz through the pedestrian area.
There are a lot of people walking about in the pedestrian area.
Some of them are having an ice-cream and others are standing
there and listening to a busker. Others again are looking at the
shops. Ulrike and Agnes walk through the pedestrian area until
they reach the Hunting and Fisheries Museum. There is a wild
boar in front of the museum.

---

**Hast du das Museum besucht? Ja, ich habe es besucht.**
Have you been to the museum? Yes, I have.
**Hat er / sie den Film gesehen? Nein, hat er / sie nicht.**
Has he / she seen the film? No, he / she hasn't.
**Haben wir die Fahrkarte gekauft? Ja, das haben wir.**
Have we bought the ticket? Yes, we have.
**Habt ihr dem Straßenmusikanten Geld gegeben? Nein, wir
haben ihm nichts gegeben.**
Have you given the busker any money? No, we haven't given
him anything.
**Haben sie die Vögel gehört? Ja, sie haben sie gehört.**
Did they hear the birds ? Yes, they heard them.

---

Viele Touristen stellen sich neben das Wildschwein, um dort ein Foto zu machen. Agnes weiß nicht, ob Ulrike auch ein Foto haben möchte. Deshalb fragt sie Ulrike: „Soll ich dich neben dem Wildschwein fotografieren?"

„Ja, gerne", sagt Ulrike.

Ulrike stellt sich neben das Wildschwein und lächelt. Agnes macht ein Foto von ihr und dem Wildschwein. Dann betreten sie das Museum. Erst gehen sie zur Kasse. Auf einem Schild steht:

**Erwachsene: 5 Euro**

**Kinder (3-16 Jahre): 2,50 Euro**

„Zwei Erwachsene, bitte", sagt Ulrike zur Kassiererin.

„Das macht zehn Euro."

Ulrike gibt der Kassiererin einen Zwanzigeuroschein. Die Kassiererin gibt ihr zehn Euro Wechselgeld zurück.

„So, meine liebe Ulrike", sagt Agnes, als sie ins Museum gehen. „Jetzt kann ich dir endlich den Wolpertinger zeigen. Ich bin mir sicher, er wird dir gefallen."

Als Ulrike den Wolpertinger sieht, muss sie laut lachen. Sie versteht, dass sich Agnes einen Spaß mit ihr gemacht hat.

"Ach so", sagt Ulrike. "Jetzt verstehe ich, warum der Wolpertinger so selten ist."

Many tourists pose next to the wild boar to take a photo. Agnes doesn't know whether Ulrike would also like to have a photo. That's why she asks Ulrike "Shall I take a photograph of you next to the wild boar?"

"Yes, I'd like that," Ulrike says.

Ulrike stands next to the wild boar and smiles. Agnes takes a photo of her and the wild boar. Then they enter the museum. On a sign it says:

---

**Adults: 5 euros**

**Children (3-16 years): 2.50 euros**

---

"Two adults, please," Ulrike tells the cashier.

"That's ten euros."

Ulrike gives the cashier a twenty euro note. The cashier gives her ten euros change back.

"Now then, my dear Ulrike," Agnes says as they go into the museum. "At last I can show you the wolpertinger. I'm sure you'll like it."

When Ulrike sees the wolpertinger she bursts out laughing. She understands that Agnes was having her on.

"I see," Ulrike says. "Now I understand why the wolpertinger is so rare."

der Wolpertinger.

Natürlich gibt es keine Wolpertinger. Vor langer Zeit hat sich jemand einen Spaß gemacht und den Wolpertinger aus verschiedenen Tieren gemacht. Als er dann anderen Leuten diesen Wolpertinger gezeigt hat, war das natürlich eine große Gaudi für ihn.
Und was ist mit Ihnen? Gefällt Ihnen der Wolpertinger?

| | |
|---|---|
| Das Bild gefällt mir. | I like the picture. |
| Das Bild gefällt dir. | You like the picture. |
| Das Bild gefällt ihm / ihr. | He / She likes the picture. |
| Das Bild gefällt uns. | We like the picture. |
| Das Bild gefällt euch. | You like the picture. |
| Das Bild gefällt ihnen. | They like the picture. |

| | |
|---|---|
| Die Kirche hat mir gefallen. | I liked the church. |
| Die Kirche hat dir gefallen. | You liked the church. |
| Die Kirche hat ihm / ihr gefallen. | He / She liked the church. |
| Die Kirche hat uns gefallen. | We liked the church. |
| Die Kirche hat euch gefallen. | You liked the church. |
| Die Kirche hat ihnen gefallen. | They liked the church. |

Of course there is no such thing as a wolpertinger. A long time ago someone had some fun creating a wolpertinger out of different animals. When he showed other people this wolpertinger it was lots of fun for him of course.

And how about you? Do you like the wolpertinger?

41

## 4. Auf Besuch bei Onkel Wilhelm und Tante Frieda

der Besuch – the visit
der Besucher – the (male) visitor
die Besucherin – the (female) visitor
besuchen – to visit

Morgen ist Samstag. Laura wird mit ihren Eltern ihren Onkel und Tante besuchen. Tante Frieda ist die Schwester von Lauras Mutter. Onkel Wilhelm und Tante Frieda haben einen Sohn. Er heißt Lukas. Lukas ist Lauras Cousin. Laura ist die Cousine von Lukas. Die beiden Kinder sind zehn Jahre alt. Sie spielen gerne miteinander.

Was wird Laura tun?

Sie wird Kuchen essen und Saft trinken. Sie wird mit ihrer Tante und ihrem Onkel sprechen. Sie wird mit ihrem Cousin spielen.

Wann hat Laura ihren Cousin das letzte Mal besucht? Sie hat ihn vor einem halben Jahr besucht. Sie hat ihn vor sechs Monaten besucht. Das heißt, sie hat ihn seit einem halben Jahr nicht gesehen. Jetzt freut sich Laura, ihn wieder zu sehen.

Was hat Laura bei ihrem letzten Besuch dort gemacht? Sie hat Schokoladenkuchen gegessen und Apfelsaft getrunken. Sie hat mit ihrer Tante und ihrem Onkel gesprochen. Sie hat mit ihrem Cousin gespielt.

Wo wohnen der Onkel und die Tante? Wohnen sie in der Stadt oder auf dem Land?

Sie wohnen in einem kleinen Dorf auf dem Land. Da gibt es keinen Bus und auch keine Bahn. Man muss mit dem Auto hinfahren. Das Haus, in dem sie wohnen ist groß, aber es gibt dort keinen Aufzug und keine Rolltreppe. Laura gefällt das Haus, weil es dort viele interessante Dinge gibt.

## 4. On a visit to Uncle Wilhelm and Aunt Frieda

| ich habe besucht | wir haben besucht |
|---|---|
| du hast besucht | ihr habt besucht |
| er, sie, es hat besucht | sie haben besucht |

It's Saturday tomorrow. Laura is going to visit her uncle and aunt with her parents. Aunt Frieda is the sister of Laura's mother. Uncle Wilhelm and Aunt Frieda have a son. He's called Lukas. Lukas is Laura's cousin. Laura is the (female) cousin of Lukas. The two children are ten years old. They like playing together.

What is Laura going to do?

She's going to eat cake and drink juice. She's going to talk with her aunt and uncle. She's going to play with her cousin.

When did Laura visit her cousin the last time? She visited him half a year ago. She visited him six months ago. That means she hasn't seen him for half a year. Now Laura is looking forward to seeing him.

What did Laura do on her last visit there? She ate some chocolate cake and drank apple juice. She talked with her aunt and uncle. She played with her cousin.

Where do the uncle and aunt live? Do they live in town or in the country?

They live in a little village in the country. There are no buses and trains there. You have to go there by car. The house they live in is big, but there is no lift or escalator. Laura likes the house, because there are a lot of interesting things in it.

Endlich ist es Samstag. Die Sonne geht auf. Der Himmel ist blau mit nur wenigen, kleinen Wolken. Es wird ein schöner Tag. Laura freut sich, weil sie nicht in die Schule muss. Ihre Eltern freuen sich, weil sie nicht in die Arbeit müssen. Und natürlich freuen sie sich alle, weil sie heute Onkel Wilhelm und Tante Frieda besuchen werden.

aufwachen – to wake up
aufgeregt – excited
aufstehen – to get up

Sobald Laura aufwacht, ist sie aufgeregt. Sie steht auf und rennt durch die Wohnung.

„Hurra!", ruft sie. „Heute besuchen wir Lukas!"

Ihre Eltern liegen noch im Bett. Jetzt schlafen sie nicht mehr, weil sie Laura gehört haben. Sie sind aufgewacht, weil Laura laut gerufen hat.

„Hörst du wie aufgeregt Laura ist?", fragt die Mutter.

„Ich möchte sie nicht hören", sagt der Vater. „Ich möchte noch schlafen."

Die Mutter lacht und steht auf. Sie öffnet das Fenster. Die Sonne scheint in das Zimmer. „Du kannst nicht mehr schlafen. Wache auf und steh auf. Heute besuchen wir meine Schwester!" Die Mutter ist jetzt auch aufgeregt. Sie freut sich darauf, ihre Schwester zu besuchen, die sie seit einem halben Jahr nicht mehr gesehen hat.

Der Vater macht ein Auge auf und schaut auf die Uhr. Es ist drei viertel sieben (¾ 7). Es ist sechs Uhr fünfundvierzig. Der Vater ist nicht aufgeregt. Er möchte nicht aufwachen und auch nicht aufstehen. Es gefällt ihm gut in seinem Bett. Aber er kann nicht mehr schlafen. Laura macht die Schlafzimmertüre auf und rennt laut rufend ins Schlafzimmer. Dann springt sie auf ihren Vater und ruft: „Papa! Wach auf! Steh auf! Du musst mich zu Lukas fahren!"

At last it is Saturday. The sun rises. The sky is blue with just a few small clouds in it. It's going to be a nice day. Laura is happy she doesn't have to go to school. Her parents are happy they don't have to go to work. And of course they're all happy, because they are visiting Uncle Wilhelm and Aunt Frieda today.

| ich bin aufgewacht | wir sind aufgewacht |
|---|---|
| du bist aufgewacht | ihr seid aufgewacht |
| er, sie, es ist aufgewacht | sie sind aufgewacht |

As soon as Laura wakes up she is excited. She gets up and runs through the flat.

"Hurrah!" she shouts. "Today we're visiting Lukas!"

Her parents are still lying in bed. Now they aren't sleeping anymore, because they've heard Laura. They've woken up, because Laura shouted loudly.

"Do you hear how excited Laura is?" the mother asks.

"I don't want to hear her," father says. "I still want to sleep."

Mother laughs and gets up. She opens the window. The sun shines into the room. "You can't sleep anymore. Wake up and get up. Today we're visiting my sister!" Mother is also excited now. She's looking forward to visiting her sister, whom she hasn't seen for half a year.

Father opens one eye and looks at the watch. It's a quarter to seven. It's six forty-five. Father isn't excited. He doesn't want to wake up nor get up. He's quite happy in bed. But he can't sleep anymore. Laura opens the bedroom door and runs into the bedroom shouting loudly. Then she jumps onto her father and calls "Daddy! Wake up" Get up! You have to drive me to Lukas!"

die Decke – the blanket

Dann springt Laura wieder auf den Boden. Sie zieht die Decke von ihrem Vater weg und rennt mit der Decke aus dem Zimmer. Kann der Vater ohne seine Decke schlafen? Nein, ohne die Decke ist es nicht mehr warm im Bett. Ohne die Decke gefällt es ihm nicht mehr im Bett. Er steht auf und geht ins Bad. Die Mutter lacht wieder.

Eine Viertelstunde später sitzt die Familie am Tisch, um zu frühstücken. Fünfzehn Minuten später sitzen sie alle am Tisch und frühstücken. Was gibt es zum Frühstück? Es gibt Semmeln, Brot, Butter und Marmelade. Laura trinkt ein Glas Milch und ihre Eltern trinken Kaffee.

Nach dem Frühstück putzen sie alle ihre Zähne und gehen aufs Klo. Dann ist es soweit. Sie ziehen ihre Schuhe an und gehen zum Auto.

„Wie lange werden wir fahren?", fragt Laura.

„Wir werden eineinhalb Stunden lang fahren", antwortet der Vater. „Wir werden auf der Autobahn fahren."

Laura schaut auf ihre Uhr. Jetzt ist es zwanzig vor acht. Es ist sieben Uhr vierzig.

„Also werden wir um zehn nach neun ankommen", sagt sie.

„Ja", sagt die Mutter. „Wir werden um neun Uhr zehn dort sein."

Jetzt sagt Laura nichts mehr. Sie hat ein Buch, das sie lesen möchte. Welches Buch liest Laura? Sie liest ‚Pippi Langstrumpf' von Astrid Lindgren. Astrid Lindgren hat das Buch ‚Pippi Langstrumpf' geschrieben. Es ist ein lustiges Buch, das viele Mädchen gerne lesen. Es ist ein Buch, das vielen Mädchen gefällt.

Gefällt Laura das Buch? Ja, es gefällt ihr.

Eineinhalb Stunden später kommen sie an. Der Vater parkt das Auto vor dem großen Haus von Onkel Wilhelm und Tante Frieda. Sie steigen aus und der Vater sperrt die Autotüren ab.

Then Laura jumps back onto the floor. She pulls the quilt off her father and runs out of the room with the quilt. Can father sleep without the quilt? No, without the quilt it isn't warm anymore in bed. He gets up and goes to the bathroom. Mother laughs again.

Quarter of an hour later the family are sitting at the table to have breakfast. Fifteen minutes later they're all sitting at the table and are breakfasting. What is there for breakfast? There are bread rolls, bread, butter and jam. Laura is having a glass of milk and her parents are having coffee.

After breakfast they brush their teeth and go to the toilet. Then it is time. They put on their shoes and go to the car.

"How long will we be driving?" Laura asks.

"We'll be driving for one and a half hours," father answers. "We'll be going on the motorway."

Laura checks her watch. It's twenty to eight now. It's seven forty.

"So we'll arrive at ten past nine," she says.

"Yes," mother says. "We'll be there at nine ten."

Now Laura doesn't say anything else. She has got a book that she would like to read. What book is Laura reading? She's reading Pippi Longstocking by Astrid Lindgren. Astrid Lindgren wrote a book called Pippi Longstocking. It's a funny book that lots of girls like to read. It's a book that many girls like.

Does Laura like the book? Yes, she does.

They arrive after one and a half hours. Father parks the car in front of Uncle Wilhelm and Aunt Frieda's big house. They get out and father locks the car doors.

Er sperrt das Auto immer ab, damit es niemand stiehlt. Wenn man vergisst, das Auto abzusperren, kann es jemand leicht stehlen.

Onkel Wilhelm, Tante Frieda und Lukas stehen schon vor dem Haus.

„Hallo ihr Lieben", sagt Wilhelm. „Wie war die Fahrt?"

„Gut", sagt Laura. „Ich habe Pippi Langstrumpf gelesen."

der Dachboden – the attic

Da lachen alle. Dann gehen sie zusammen ins Haus. Die Erwachsenen setzen sich ins Wohnzimmer und die Kinder gehen in ein Spielzimmer. Onkel Wilhelm hat nämlich für Lukas auf dem Dachboden ein großes Spielzimmer gebaut. Der ganze Dachboden ist jetzt ein Zimmer. Dort hat Lukas eine Eisenbahn, viele Autos und andere Spielsachen. In einer Ecke steht sogar ein Sofa und daneben ist ein Bücherregal, auf dem viele Bücher stehen.

Lukas sieht, wie Laura seine Bücher anschaut. Er hat gehört, dass Laura im Auto Pippi Langstrumpf gelesen hat. Er hat das Buch nicht gelesen, aber für ihn ist das ein Mädchenbuch. Deshalb sagt er: „Pippi Langstrumpf findest du bei mir nicht. Das ist nur was für Mädchen. Meine Bücher gefallen dir bestimmt nicht. Die sind für Jungen. Ich habe gerade ‚Die Tanzdiebe' von Carl Falkenhorst gelesen. Das war spannend."

Jetzt ärgert sich Laura und sagt: „Wenn deine Bücher nur für Jungen sind, warum liest du sie dann?"

Lukas wird rot im Gesicht. Er ärgert sich jetzt auch, aber er weiß nicht, was er antworten soll.

Laura schaut ihn nicht an und nimmt ‚Die Tanzdiebe' vom Bücherregal. Sie sieht sich das Buch an. „Das sieht interessant aus. Kann ich es heute mitnehmen und lesen?"

„Ja, gerne", sagt Lukas schnell. „Wollen wir mit meiner Eisenbahn spielen?"

He always locks the car so that no one steals it. If you forget to lock the car someone can steal it easily.

Uncle Wilhelm, Aunt Frieda and Lukas are already standing in front of the house.

"Hello dears," Wilhelm says. "How was the trip?"

"Good," Laura says. "I was reading Pippi Longstocking."

At that they all laugh. Then they go into the house together. The adults take a seat in the living room and the children go into a playroom. For Uncle Wilhelm has built a big playroom for Lukas up in the attic. The whole of the attic is one room now. There Lukas has got a railway, lots of cars and other toys. In one corner there is even a sofa and beside it a bookshelf on which there are a lot of books.

Lukas notices Laura looking at his books. He heard that Laura read Pippi Longstocking in the car. He hasn't read the book, yet for him it's a book for girls. That's why he says: "You won't find Pippi Longstocking here. That's just for girls. I'm sure you won't like my books. They're for boys. I've just read 'The Dance Thieves' by Carl Falkenhorst. That was exciting."

This annoys Laura and she says: "If your books are only for boys, why do you read them?"

Lukas turns red in the face. Now he is also feeling annoyed, but he doesn't know what to say.

Laura doesn't look at him and takes 'The Dance Thieves' from the bookshelf. She looks at the book. "It looks interesting. Can I take it along today and read it?"

"Yes, sure," Lukas says quickly. "Shall we play with my railway?"

„Ich weiß nicht, ich dachte, das ist nur was für Jungen", sagt Laura und lächelt Lukas an.
Jetzt weiß Lukas, dass Laura ihn ärgern will.

das Kissen – the cushion, the pillow
die Kissenschlacht – the pillow fight

Er nimmt ein Kissen vom Sofa und wirft es auf Laura. Das Kissen trifft sie am Kopf. Es ist eine Kissenschlacht! Aufgeregt nimmt Laura das Kissen und wirft es zurück. Sie trifft nicht und ärgert sich. Es liegen noch viele andere Kissen auf dem Sofa. Bald fliegen die Kissen hin und her. Manchmal trifft Laura ihren Cousin und manchmal trifft er sie. Jetzt ärgern sich die Kinder nicht mehr. Sie haben viel Spaß. Eine Kissenschlacht ist eine große Gaudi für sie. Natürlich schreien und springen sie dabei und machen viel Lärm. Ihre Eltern hören den Lärm durch das ganze Haus. Ärgern sich ihre Eltern? Nein, sie freuen sich, dass ihre Kinder miteinander Spaß haben.

| ich bin aufgestanden | wir sind aufgestanden |
|---|---|
| du bist aufgestanden | ihr seid aufgestanden |
| er, sie, es ist aufgestanden | sie sind aufgestanden |

"I don't know, I thought that's only for boys," Laura says and smiles at Lukas.

Now Lukas knows that Laura wants to annoy him.

He takes a cushion from the sofa and throws it at Laura. The cushion hits her on the head. It's a pillow fight! Feeling excited Laura takes the cushion and throws it back. She misses and feels annoyed. There are lots of other cushions lying on the sofa. Soon cushions are flying back and forth. Sometimes Laura hits her cousin and sometimes he hits her. Now the children aren't annoyed anymore. They're having lots of fun. A pillow fight is great fun for them. Naturally they yell and jump about and make a huge racket. Their parents hear the noise through the entire house. Are their parents annoyed? No, they're happy that their children are having fun together.

# 5. Teil 2

der Strand – the beach
umsonst – for free, in vain

Im Wohnzimmer sitzen die Eltern von Lukas und Laura beieinander. Wilhelm und Frieda reisen gerne in andere Länder. Wilhelm erzählt gerade von ihrer letzten Reise:
„Diesen Sommer sind wir nach Bulgarien geflogen. Wir waren in Varna am Schwarzen Meer. Es war sehr schön dort. Unser Hotel lag direkt am Meer. Wir sind jeden Tag zum Strand gegangen. Lukas hat gerne am Strand gespielt. Frieda ist am Strand in der Sonne gelegen. Ich bin jeden Tag am Strand spazieren gegangen. Das Meer war schön warm. Wir sind alle gerne ins Wasser gegangen. Es waren nicht viele Leute am Strand, daher war es ruhig und wir hatten viel Platz. Das Hotel war sehr groß mit einem riesigen Garten. Dort konnte man Tischtennis und Billard spielen. Es gab auch zwei Schwimmbecken und eine Bar. Jeden Nachmittag gab es im Garten Eis umsonst. Getränke gab es den ganzen Tag lang an der Bar umsonst. Es hat mir gut gefallen, dass man immer etwas zu trinken haben konnte und nicht jedes Mal zahlen musste.
Varna ist eine schöne Stadt, aber nicht sehr groß. Wir haben das Museum von Varna besucht. Wir haben die Kirche gesehen. Wir haben die römischen Ruinen angeschaut. Seid ihr schon in Bulgarien gewesen?"
Lauras Vater: „Nein, wir waren noch nie in Bulgarien. Wir sind bisher immer nach Italien oder Spanien ans Meer gefahren."
Frieda: „Italien und Spanien sind natürlich auch sehr schön, aber dort ist es sehr teuer und es gibt überall so viele Touristen. Bulgarien ist viel billiger und es gibt nicht so viele Touristen."

# 5. Part 2

| billig | billiger | am billigsten |
|--------|----------|---------------|
| schön | schöner | am schönsten |
| groß | größer | am größten |

The parents of Lukas and Laura are sitting together in the living room. Wilhelm and Frieda enjoy travelling to other countries. Wilhelm is just telling about their last trip:
"This summer we flew to Bulgaria. We went to Varna on the Black Sea. It was very nice there. Our hotel was right by the sea. We went to the beach every day. Lukas enjoyed playing on the beach. Frieda lay in the sun on the beach. I went for walks along the beach every day. The sea was nice and warm. We all liked going into the water. There weren't many people at the beach so it was quiet and we had lots of space. The hotel was very big with a huge garden. There you could play table tennis and billiards. There also were two pools and a bar. Every afternoon there was ice-cream for free. Drinks were available for free at the bar all day long. I liked the fact that you could always have something to drink and didn't have to pay each time.

Varna is a nice town, but it isn't very big. We visited the museum in Varna. We saw the church. We looked at the Roman ruins. Have you ever been to Bulgaria?"
Laura's father: "No, we have never been to Bulgaria. Until now we have always gone to the seaside in Italy or Spain."

Frieda: "Italy and Spain are very nice too, of course, but it's very expensive there and there are so many tourists everywhere. Bulgaria is much cheaper and there aren't so many tourists."

Lauras Mutter: „Aber eine Stadt wie Rom ist viel größer und schöner als Varna."

Frieda: „Aber Varna ist viel billiger und ruhiger als Rom."

Lauras Mutter: „Aber in Rom kann man viel mehr sehen, als in Varna."

Frieda: „Aber in Varna stehen nicht so viel Leute herum. Man kann alles in Ruhe machen und anschauen."

Lauras Mutter: „Ja, aber..."

Wilhelm: „Also ich finde, es ist Zeit für Kaffee und Kuchen. Meint ihr nicht auch?"

Wilhelm mag es nicht, wenn Frieda und Lauras Mutter fast jeden Satz mit ‚Aber' beginnen. Darum hat er schnell von etwas anderem gesprochen.

„Das ist eine gute Idee", sagt Lauras Vater. „Was für einen Kuchen gibt es?"

„Wir haben Käsekuchen und Erdbeerkuchen", sagt Frieda. „Es steht alles schon auf dem Tisch."

Frieda geht voran ins Esszimmer und die anderen folgen ihr.

„Das sieht ja wunderbar aus!", sagt Lauras Mutter, als sie den Tisch sieht. Sie hat recht. In der Mitte stehen ein Käsekuchen und ein Erdbeerkuchen.

der Teller – the plate
die Tasse – the cup
der Löffel – the spoon
die Gabel – the fork
das Porzellan – china
die Kaffekanne – the coffeepot
die Kerze – the candle

Die Teller und Tassen sind aus weißem Porzellan. Die Löffel und Gabeln sind aus Silber. Sogar die Kaffeekanne ist aus Silber. Es stehen auch einige rote Kerzen auf dem Tisch.

Frieda freut sich, dass das alles Lauras Mutter gefällt.

Laura's mother: "But a city such as Rome is much bigger and nicer than Varna."

Frieda: "But Varna is much cheaper and more quiet than Rome."

Laura's mother: "But in Rome you can see much more than in Varna."

Frieda: "But in Varna there aren't so many people standing around. You can do and look at everything in peace and quiet."

Laura's mother: "Yes, but..."

Wilhelm: "I'd say it's time for coffee and cake. Don't you think so?"

Wilhelm doesn't like it when Frieda and Laura's mother begin almost every sentence with 'But'. That's why he quickly changed the subject.

"That's a good idea," Laura's father says. "What kind of cake is there?"

"We have got cheese cake and strawberry cake," Frieda says. "It's all ready on the table."

Frieda leads the way to the dining room and the others follow her.

"That looks wonderful!" Laura's mother says when she sees the table. She is right. In the middle there are a cheese cake and a strawberry cake.

---

Der Hund liegt **unter** dem Tisch. The dog is lying **under** the table.

Ich setze mich **an den** Tisch. I am sitting down **at the** table.

Ich sitze **am** Tisch. I am sitting **at the** table.

Der Teller ist **auf dem** Tisch. The plate is **on the** table.

---

The plates and cups are made of white china. The spoons and forks are made of silver. Even the coffeepot is made of silver. There are also some red candles on the table.

Frieda is happy that Laura's mother likes it all.

„Setzt euch, bitte", sagt Frieda.

„Ich hole die Kinder", sagt Wilhelm.

Während Wilhelm nach oben geht, wo die Kinder auf dem Dachboden spielen, setzen sich die anderen an den Tisch. Als Wilhelm mit den Kindern kommt, fragt Frieda sie, was sie möchten.

Wilhelm: „Ich möchte ein Stück Käsekuchen und eine Tasse Kaffee, bitte."

Laura: „Ich möchte ein Stück Erdbeerkuchen, aber ich möchte keinen Kaffee."

Frieda lächelt. „Natürlich nicht. Möchtest du Apfelsaft oder Orangensaft?"

Da freut sich Laura. „Orangensaft, bitte!"

Lukas: „Ich möchte auch Orangensaft, aber ich möchte keinen Erdbeerkuchen. Ich möchte ein Stück Käsekuchen, bitte."

Drei Minuten später essen sie alle glücklich ihren Kuchen und ratschen miteinander. Wilhelm isst den Kuchen mit einer Gabel. Trinkt er seinen Kaffee mit einem Löffel? Nein, er trinkt den Kaffee aus der Tasse. Was macht er mit dem Löffel? Mit dem Löffel gibt er Zucker in seinen Kaffee. Was gibt er noch in seinen Kaffee? Er gibt auch Milch in seinen Kaffee.

die Fliege – the fly

überhaupt nicht – not at all

Plötzlich landet eine Fliege auf Wilhelms Kuchen. Freut sich Wilhelm über die Fliege? Nein, er ärgert sich über die Fliege. Er mag keine Fliegen auf seinem Essen. Nur die Fliege freut sich über den schönen Käsekuchen. Wilhelm bewegt seine Hand auf die Fliege zu und die Fliege fliegt vom Kuchen weg. Jetzt fliegt die Fliege vor Wilhelms Gesicht. Das mag er auch nicht. Er schlägt die Fliege mit der Hand. Da fällt die Fliege in seinen Kaffee. Das gefällt Wilhelm überhaupt nicht.

"Please be seated," Frieda says.

"I'll fetch the children," Wilhelm says.

While Wilhelm is going up to where the children are playing in the attic, the others take a seat at the table.

When Wilhelm comes with the children, Frieda asks them what they would like.

Wilhelm: "I'd like a piece of cheese cake and a cup of coffee, please."

Laura: "I'd like a piece of strawberry cake, but I don't want any coffee."

Frieda smiles. "Of course not. Would you like apple juice or orange juice?"

This makes Laura happy. "Orange juice, please!"

Lukas: "I'd also like some orange juice, but I don't want any strawberry cake. I'd like a piece of cheese cake, please."

After three minutes they're all happily eating their cake and chatting with one another. Wilhelm is eating the cake with a fork. Is he drinking his coffee with a spoon? No, he's drinking his coffee from a cup. What does he do with the spoon? With the spoon he adds sugar to his coffee. What else does he add to his coffee. He also adds milk to his coffee.

Suddenly a fly lands on Wilhelm's cake. Is Wilhelm happy about the fly? No, he's annoyed about the fly. He doesn't like flies on his food. Only the fly is happy about the nice cheese cake. Wilhelm moves his hand towards the fly and the fly flies away from the cake. Now the fly is flying in front of Wilhelm's face. He's not happy about this either. He hits the fly with his hand. Then the fly falls into his coffee. Wilhelm doesn't like this at all.

„Schau mal, Mama", sagt Lukas und lacht. „Da ist eine Fliege in Papas Kaffee."

Lukas findet die Fliege im Kaffee seines Vaters lustig. Wilhelm findet die Fliege überhaupt nicht lustig und er findet es überhaupt nicht lustig, dass sein Sohn darüber lacht. Es ärgert ihn, aber er sagt nichts. Mit seinem Löffel holt er die Fliege aus seinem Kaffee. Jetzt ist die Fliege auf dem Löffel. Was macht die Fliege jetzt? Fliegt sie weg? Nein, sie ist noch nass und kann nicht fliegen. Lukas lacht immer noch. Schnell tut Wilhelm seinen Löffel mit der Fliege in den Orangensaft von Lukas. Jetzt ist die Fliege im Orangensaft. Plötzlich ist Lukas überhaupt nicht mehr glücklich. Eine Fliege im Kaffee seines Vaters fand er lustig, aber die Fliege in seinem Orangensaft freute ihn überhaupt nicht.

„Nein, Papa! Was hast du gemacht! Ich will die Fliege nicht in meinem Saft!"

Bevor Wilhelm etwas sagen kann, sagt Frieda: „Jetzt hört aber auf!"

Rasch nimmt sie das Glas von Lukas und geht damit in die Küche. Dann bringt sie ihm ein frisches Glas Saft. Frieda ist nicht glücklich. Sie hatte viel Arbeit, den Tisch schön zu machen, damit alle sich freuen. War die Arbeit umsonst? Nein, sie war nicht umsonst. Als Frieda wieder zum Tisch kommt reden alle wieder glücklich miteinander. Wirklich alle? Nein, Lukas schaut immer noch etwas unglücklich.

Da sagt Laura: „Sankt Georg hat mit seinem Speer einen Drachen getötet. Deshalb wird er der Drachentöter genannt. Weil Onkel Wilhelm die Fliege mit seinem Löffel getötet hat, können wir ihn den Fliegentöter nennen. Vielleicht wird er in tausend Jahren auch so bekannt sein wie Sankt Georg."

Das finden alle wieder lustig und lachen. Auch Lukas lacht wieder.

"Just look, Mum," Lukas says and laughs. "There is a fly in daddy's coffee."

Lukas thinks the fly in his father's coffee is funny. Wilhelm doesn't think the fly is funny at all and he doesn't think it's funny that his son is laughing about it. This annoys him, but he doesn't say anything. He gets the fly out of his coffee with a spoon. Now the fly is on the spoon. What is the fly doing now? Is it flying away? No, it's still wet and can't fly. Lukas is still laughing. Wilhelm quickly puts the spoon with the fly into Lukas' orange juice. Now the fly is in the orange juice. Suddenly Lukas is not at all happy anymore. He thought a fly in his father's coffee was funny, but the fly in his orange juice didn't make him happy at all.

"No, Dad! What have you done! I don't want the fly in my juice!"

Before Wilhelm can say anything, Frieda says: "Now stop this!"

She quickly takes Lukas' glass and goes into the kitchen with it. Then she brings him a fresh glass of orange juice. Frieda isn't happy. She had a lot of work making the table look nice to make everyone happy. Was the work in vain? No, it wasn't in vain. When Frieda gets back to the table they are all talking happily again. Really everyone? No, Lukas is still a bit unhappy.

Then Laura says: "Saint George killed a dragon with a spear. That's why he is called the dragon slayer. As Uncle Wilhelm has killed the fly with his spoon we can call him the fly slayer. Perhaps he'll be as famous as Saint George in a thousand years time."

They all think this is funny and laugh. Lukas, too, is laughing again.

Da sagt Frieda: „Das wird nicht passieren, weil die Fliege nicht tot ist. In der Küche ist die Fliege aus dem Saft herausgekommen."

Wilhelm: „Hast du die Fliege aus dem Fenster geworfen?"

Bevor Frieda Zeit hat zu antworten, hören sie alle etwas. Es ist die Fliege. Die Fliege fliegt aus der Küche zurück ins Esszimmer. Niemand sagt etwas. Alle schauen die Fliege an. Wohin wird sie fliegen? Wird sie wieder zu Wilhelm fliegen? Nein, sie fliegt zu Lukas auf den Teller. Schnell nimmt Lukas seine Gabel und tötet die Fliege.

„Hurra!", ruft Laura. „Ein Hurra auf Lukas den Fliegentöter!"

Es war ein Nachmittag, den sie lange nicht vergessen haben. Sie haben sich alle lange an diesen Nachmittag erinnert.

| Ich setze mich | I sit down |
|---|---|
| Du setzt dich | You sit down |
| Er / Sie setzt sich | He / she sits down |
| Wir setzen uns | We sit down |
| Ihr setzt euch | You sit down |
| Sie setzen sich | They sit down |

Then Frieda says: "That won't happen as the fly isn't dead. The fly came out of the juice in the kitchen."

Wilhelm: "Did you throw the fly out of the window?"
Before Frieda has time to answer they all hear something. It's the fly. The fly is flying back from the kitchen into the dining room. Nobody says anything. They all look at the fly. Where will it fly to? Will it fly to Wilhelm. No, it flies onto Lukas' plate. Lukas quickly takes his fork and kills the fly.
"Hurrah!" Laura calls. "Hurrah for Lukas the fly slayer!"

It was an afternoon they didn't forget for a long time.
They all remembered this afternoon for a long time.

| |
|---|
| **Ich habe mich auf das Sofa gesetzt.** |
| I sat down on the sofa. |
| **Du hast dich auf den Stuhl gesetzt.** |
| You sat down on the chair. |
| **Er hat sich auf die Bank gesetzt.** |
| He sat down on the bench. |
| **Wir haben uns auf das Gras gesetzt.** |
| We sat down on the grass. |
| **Ihr habt euch auf den Strand gesetzt.** |
| You sat down on the beach. |
| **Sie haben sich auf die Stühle gesetzt.** |
| They sat down on the chairs. |

## 6. Eine verrückte Geschichte

verrückt – crazy, insane
der Turm – the tower
komisch – strange, odd, weird, funny

Rex wohnt in einem großen, alten Haus. Das Haus hat einen hohen Turm. Rex sitzt gerne in dem Turm am Fenster und schaut hinaus. Was sieht Rex, wenn er aus dem Fenster schaut? Er sieht, wie Autos, Laster und Motorräder auf der Straße vorbeifahren. Er sieht, wie Fußgänger auf dem Gehweg gehen. Was macht Rex noch bei sich daheim? Rex liest gerne Bücher. Er malt oft Bilder. Manchmal spielt er mit einem Ball. Er putzt sich nie die Zähne. Er rennt gerne den Turm rauf und runter. Er macht all das alleine, denn er wohnt alleine. Es wohnt niemand bei ihm im Haus.

Bleibt Rex immer daheim? Nein, manchmal verlässt er das Haus. Dann geht er in einem Park spazieren oder vielleicht geht er in einem Restaurant essen.

| |
|---|
| Die Geschichte ist verrückt. The story is crazy. Das Ende der Geschichte war lustig. The end of the story was funny. Es gibt einen Turm in der Geschichte. There is a tower in the story. Ich habe die Geschichte gelesen. I have read the story. |

Im Moment sitzt Rex wieder am Fenster. Er spricht gerade auf dem Handy mit seinem Freund Leo darüber, was er gestern gemacht hat:

Leo: „Wie war dein Tag gestern?"

Rex: „Es war fast Mittag und ich hatte Hunger. Daher habe ich das Haus verlassen, um in die Stadt zu fahren. Erst bin ich zur Bushaltestelle gegangen. Dort habe ich mich angestellt.

# 6. A crazy story

Rex lives in a big, old house. There is a tall tower in the house. Rex likes sitting at the window in the tower and looking out. What does Rex see when he looks out of the window? He sees cars, lorries / trucks, and motorbikes driving by on the road. He sees pedestrians walking on the pavement / sidewalk.

What else does Rex do at home? Rex likes reading books. He often draws pictures. Sometimes he plays with a ball. He never brushes his teeth. He likes running up and down the tower. He does all this on his own as he lives on his own. No one else lives with him in the house.

Does Rex always stay at home? No, sometimes he leaves the house. Then he goes for a walk in the park or perhaps he goes eating in a restaurant.

At the moment Rex is sitting at the window again. He is just talking on the mobile phone with his friend Leo about what he did yesterday.

Leo: "How was your day yesterday?"

Rex: "It was almost noon and I was hungry. That's why I left the house to go into town. First I went to a bus stop. There I queued.

Man kann auch sagen: Ich bin Schlange gestanden. Als ich Schlange stand, haben mich manche Leute komisch angeschaut. Andere Leute haben gelächelt, aber niemand hat etwas zu mir gesagt.

Dann ist der Bus gekommen. Die Türen haben sich geöffnet und ich bin eingestiegen. Die Busfahrt war nicht lange. Nach einer Viertelstunde war ich am Ziel. Der Bus hat angehalten und ich bin ausgestiegen."

Leo: „Wo warst du?"

Rex: „Ich war in der Innenstadt. Dort gibt es ein schönes Restaurant, zu dem ich wollte."

Leo: „Gibt es dort gute Knochen?"

Rex: „Knochen? Nein, natürlich nicht. Wer geht schon in ein Restaurant, um sich einen Knochen zu bestellen. Aber jetzt höre mir mal zu. Ich habe mich auf den Weg zum Restaurant gemacht. Auf dem Weg gibt es ein paar Bäume und auch Blumen. Die rieche ich immer gerne. Dann bin ich am Restaurant angekommen. Die Türe stand offen, da das Wetter warm und sonnig war. Ich bin also sofort hineingegangen. Da kam auch schon ein Kellner auf mich zu."

Leo: „Nein! Was hat er denn gesagt?"

### Rex und der Kellner

Kellner: „Hallo! Was machst du denn hier?"

Rex: „Was meinen Sie mit ‚Du'? Sind wir vielleicht befreundet? Sie sollten höflich zu Ihren Gästen sein!"

Der Kellner schaute Rex erstaunt an. „Du kannst sprechen?"

Rex: „Natürlich kann ich sprechen. Das hören Sie doch. Was soll diese dumme Frage? Und jetzt hören Sie auf, mich zu duzen. Zeigen Sie mir lieber einen Tisch."

Kellner: „Aber du..."

Rex sah ihn böse an.

Kellner: „...ich meine Sie, Sie sind doch ein Hund."

One could also say: I stood in line. While I was standing in line some people looked at me in an odd way. Other people smiled, but no one said anything to me.

Then the bus came. The doors opened and I got on. The bus trip wasn't long. After quarter of an hour I arrived. The bus stopped and I got off."

Leo: "Where were you?"

Rex: "I was downtown. There is a nice restaurant there that I wanted to go to."

Leo: "Do they have good bones there?"

Rex: "Bones? No, of course not. Who ever goes to a restaurant to order a bone. But now listen to me. I set off towards the restaurant. On the way there are some trees and also some flowers. I always like smelling these. Then I got to the restaurant. The door was open as the weather was warm and sunny. So I went in right away. At that a waiter already came towards me."

Leo: "No! What did he say?"

### Rex and the waiter

Waiter: "Hello! What are you doing here?"

Rex: "What do you mean with 'you'? Are we perchance friends? You should be polite to your guests!"

The waiter looked at Rex in astonishment. "You can talk?"

Rex: "Of course I can talk. You can hear me, can't you. What do you mean with this stupid question? And now stop saying 'you' to me. You'd better show me to a table."

Waiter: "But you..."

Rex gave him a hard stare.

Waiter: "...I mean you, you are a dog."

Rex: „Ja natürlich bin ich ein Hund. Und? Haben Sie etwas gegen Hunde? Sind Sie hundefeindlich?"

Der Kellner wurde rot im Gesicht. „Nein, nein, natürlich nicht."

Rex: „Na also. Und jetzt möchte ich mich setzen. Ich habe nämlich großen Hunger. Der Platz da drüben am Fenster gefällt mir."

Ohne auf den Kellner zu warten, ging er zu dem Tisch am Fenster und setzte sich auf einen Stuhl.

Der Kellner folgte ihm langsam und wusste nicht so recht, was er tun sollte.

ungeduldig – impatient(ly)
vegetarisch – vegetarian
verzaubert – enchanted

Rex schaute ihn ungeduldig an. „Geben Sie mir nun eine Speisekarte oder nicht?"

Kellner: „Ach so, ja, hier bitte sehr. Wir haben auch eine Tageskarte mit vegetarischen Gerichten."

Rex: „Vegetarisch? Was reden Sie da nur wieder für dummes Zeug. Ich bin ein Hund und kein Schaf. Haben Sie jemals von einem vegetarischen Hund gehört?"

Der Kellner wurde wieder rot im Gesicht. So etwas war ihm noch nie passiert. Ein sprechender Hund im Restaurant. Da hatte er eine Idee.

Kellner: „Sind sie vielleicht ein verzauberter Prinz?"

Rex schaute ihn komisch an und sagte: „Haben Sie zu viele Märchen gelesen, oder sind Sie verrückt? Und wenn Sie sonst nichts dummes mehr sagen wollen, möchte ich jetzt mein Essen bestellen."

„Was hätten Sie denn gerne?"

„Fleisch und Wurst natürlich und kein Gemüse."

Rex: "Yes, of course I'm a dog. And? Do you have a problem with dogs? Are you a dog hater?"

The waiter turned red in the face. "No, no, of course not."

Rex: "There you go. And now I'd like to have a seat. For I am very hungry. I like that seat over there by the window."

Without waiting for the waiter he went to the table by the window and sat down on a chair.

The waiter followed him slowly and didn't quite know what to do.

Rex looked at him impatiently. "Now will you hand me a menu or not?"

Waiter: "Oh yes, here you are. We also have today's specials with vegetarian dishes."

Rex: "Vegetarian? What silly things are you saying again. I'm a dog, not a sheep. Have you ever heard of a vegetarian dog?"

Once again the waiter turned red in his face. Such a thing had never happened to him before. A talking dog in the restaurant. Then he had an idea.

Waiter: "Are you by any chance an enchanted prince?"

Rex looked at him oddly and said: "Have you read too many fairy tales or are you crazy? And if you haven't got any other stupid things to say I'd like to order my food now."

"What would you like to have?"

"Meat and sausage of course and no vegetables."

mit den Achseln zucken – to shrug one's shoulders

Während Rex ungeduldig auf sein Essen wartete, eilte der Kellner in die Küche, wo er dem Koch von dem ungewöhnlichen Gast erzählte. Der Koch zuckte nur mit den Achseln, nahm einen großen Teller und legte ein Stück Fleisch und eine riesige Wurst darauf. Dann gab er dem Kellner den Teller.

„Aber das ist ja gar nicht gekocht", sagte der Kellner.

„Haben Sie jemals gehört, dass man für einen Hund kochen muss?", fragte der Koch. „Und jetzt stehen Sie nicht herum und schauen so dumm. Gehen Sie zu dem Hund und bringen ihm sein Essen."

Der Kellner, der nicht wusste, was er sagen oder denken sollte, ging langsam zurück zu Rex, der schon ungeduldig auf ihn wartete.

Rex: „Da sind Sie ja endlich mit meinem Essen. Warum gehen Sie so langsam? Sind Sie krank oder alt?"

Ohne ein Wort zu sagen, stellte der Kellner den Teller vor Rex auf den Tisch und legte Messer und Gabel neben den Teller.

Rex schaute das Messer und die Gabel überrascht an. Dann sagte er: „Warum geben Sie mir Messer und Gabel? Haben Sie jemals einen Hund gesehen, der mit Messer und Gabel isst?"

Der Kellner schüttelte den Kopf und sagte nichts. Dann fing er an langsam von Rex wegzugehen.

Rex: „Sie sagen nicht einmal ‚Guten Appetit'? Ich werde Ihnen kein Trinkgeld geben!"

Der Kellner ging mit rotem Gesicht zurück zum Koch und erzählte ihm alles. Der Koch zuckte wieder mit den Achseln und sagte: „Was haben Sie erwartet, es ist doch nur ein Hund."

Der Kellner ging wieder zum Hund zurück, der gerade mit dem Essen fertig war.

While Rex was waiting impatiently for his food, the waiter hurried to the kitchen where he told the cook about the unusual guest. The cook simply shrugged his shoulders, took a big plate and placed a piece of meat and a huge sausage on it. Then he handed the plate to the waiter.

"But that hasn't been cooked at all," the waiter said.

"Have you ever heard that you need to cook for a dog?" the cook asked. "And now don't stand around here looking so sheepish. Go to the dog and bring it its food."

The waiter, who didn't know what he should say or think, slowly walked back to Rex, who was already waiting for him impatiently.

Rex: "There you are at last with my food. Why are you walking so slowly? Are you old or sick?"

Without saying a word the waiter placed the plate on the table in front of Rex and put a knife and fork next to the plate.

Rex looked at the knife and fork in surprise. Then he said: "Why are you giving me a knife and fork? Have you ever seen a dog eating with a knife and fork?"

The waiter shook his head and said nothing. Then he began to slowly move away from Rex.

Rex: "Don't you even say 'Bon appetit'? I won't be leaving you a tip!"

The waiter went back to the cook red in the face and told him about everything. The cook just shrugged his shoulders and said: "What did you expect, it's only a dog."

The waiter returned to the dog, which had just finished its food.

Der Hund sprang vom Stuhl auf den Boden und ging in Richtung Ausgang.

„Entschuldigung", sagte der Kellner. „Möchten Sie jetzt die Rechnung?"

Rex blieb stehen und schaute den Kellner komisch an.

„Rechnung?", sagte Rex. „Haben Sie jemals gehört, dass ein Hund eine Rechnung bezahlt?"

„Nein, das nicht, aber, aber..." sagte der Kellner und wurde wieder rot im Gesicht.

Da kam der Koch und stand lachend neben dem Kellner.

Koch: „Ein Kellner, der so dumm ist, einem Hund Essen zu bringen, muss die Rechnung selber zahlen." Dann ging er lachend in die Küche zurück, während Rex lachend das Restaurant verließ.

verlassen – to leave

| ich verlasse | wir verlassen |
|---|---|
| du verlässt | ihr verlasst |
| er, sie, es verlässt | sie verlassen |

Als Leo das Ende der Geschichte gehört hatte, lachte er laut. „Menschen!", sagte er und schüttelte den Kopf. „Was in den Köpfen von Menschen vorgeht, werden wir Hunde niemals verstehen."

| Was geht in deinem Kopf vor? What is going on in your head? |
|---|

| Der verrückte Mann schüttelt den Kopf. The crazy man shakes his head. |
|---|
| Bist du verrückt? Are you crazy? |
| Es ist zum Verrücktwerden. It's driving me crazy. |

The dog jumped off the chair and onto the floor and made its way towards the exit.

"Excuse me," the waiter said. "Would you like the bill / check now?"

Rex stopped and looked at the waiter in an odd way.

"Bill?" Rex said. "Have you ever heard of a dog paying a bill?"

"No, not exactly, but, but..." the waiter said and once more turned red in the face.

Then the cook came and stood next to the waiter and laughed.

Cook: "A waiter, who is stupid enough to bring food for a dog has to foot the bill himself." Then he returned to the kitchen laughing, while Rex left the restaurant laughing.

| ich habe verlassen | wir haben verlassen |
|---|---|
| du hast verlassen | ihr habt verlassen |
| er, sie, es hat verlassen | sie haben verlassen |

When Leo had heard the end of the story he burst out laughing. "Humans!" he said and shook his head. "We dogs will never understand what's going on in the heads of humans."

## 7. Eine seltene Briefmarke

unabhängig – independent
die Vorfahren – the ancestors
sammeln – to collect

| ich sammle | wir sammeln |
|---|---|
| du sammelst | ihr sammelt |
| er, sie sammelt | sie sammeln |

Helga Ossenforth ist neunundzwanzig Jahre alt. Sie ist ein Meter fünfundsiebzig (1.75m) groß. Sie hat blonde Haare und blaue Augen. Sie ist schlank. Sie wohnt in einem alten Haus auf dem Land. Das Haus wurde vor zweihundert Jahren gebaut. Als das Haus gebaut wurde, war Bayern noch ein unabhängiges Land. Helgas Vorfahren haben das Haus gebaut. Das Haus wurde von Helgas Vorfahren gebaut. Wurde das Haus von Helgas Vorfahren gebaut? Ja, das ist richtig.

In dem Haus gibt es natürlich auch einen Dachboden. Auf dem Dachboden stehen viele alte Kisten und Taschen. Helga weiß nicht, was in den Kisten und Taschen ist. Zweihundert Jahre lang haben ihre Vorfahren viele Sachen auf dem Dachboden gesammelt. Jetzt möchte Helga wissen, was es auf dem Dachboden gibt.

Sie öffnet eine Kiste nach der anderen. Was findet sie? Sie findet alte Bücher und Zeitungen, Spielsachen, Kerzen, Messer, Gabeln, Löffel und vieles mehr. Sie findet auch viele alte Briefe. Auf einem Briefumschlag sieht sie eine Briefmarke, die sie noch nie zuvor gesehen hat. Es ist eine schwarze Briefmarke. Auf der Briefmarke steht:

Bayern
Ein Kreuzer

# 7. A rare stamp

Die erste bayerische Briefmarke von 1849

Helga Ossenforth is twenty-nine years old. She is 1.75m tall. She's got blonde hair and blue eyes. She is slim. She lives in an old house in the country. The house was built two hundred years ago. At the time the house was built, Bavaria was still an independent country. Helga's ancestors built the house. The house was built by Helga's ancestors. Was the house built by Helga's ancestors? Yes, that's right.

Naturally there's also an attic in the house. There are lots of old boxes and bags in the attic. Helga doesn't know what is in the boxes and bags. For two hundred years her ancestors collected a lot of things in the attic. Now Helga would like to know what is in the attic.

She opens one box after another. What does she find? She finds old books and newspapers, toys, candles, knives, forks, spoons and lots more. She also finds a lot of old letters. On one envelope she sees a stamp she has never seen before. It's a black stamp. On the stamp it says:

Bavaria
One Kreuzer (similar to a penny or cent)

Sie nimmt den Briefumschlag und geht vom Dachboden nach unten ins Wohnzimmer. Dort schaut sie sich die Briefmarke genau an.

„Am besten gehe ich damit zu einem Briefmarkenladen", sagt sie sich. „Vielleicht kann ich den Umschlag sogar verkaufen."

Als sie das nächste Mal in München ist, geht sie zu einem Briefmarkenladen. Sie öffnet die Türe und betritt den Laden.

„Guten Tag!", begrüsst sie ein schlanker, junger Mann.

„Grüß Gott!", sagt Helga.

„Was kann ich für Sie tun?"

Helga nimmt den Briefumschlag aus ihrer Handtasche und gibt ihn dem Mann. „Was können Sie mir darüber sagen?"

Der Mann nimmt den Umschlag und schaut ihn sich genau an. „Woher haben Sie diesen Umschlag?", fragt er.

„Ich habe ihn auf meinem Dachboden gefunden."

„Da haben Sie großes Glück. Das ist die erste Briefmarke, die es in Bayern gab. Damals war Bayern noch ein unabhängiges Königreich. Diese Briefmarke gab es ab dem ersten November 1849. Die Briefmarke alleine kostet eintausend siebenhundertfünfundsechzig Euro (€1765). Auf dem Umschlag kostet sie noch viel mehr. Wenn Sie die Briefmarke auf dem Umschlag verkaufen wollen, zahle ich Ihnen dreitausend neunhundert Euro (€3900)."

Jetzt freut sich Helga. Sie ist sehr glücklich und sagt: „Ja, gerne. Ich verkaufe Ihnen den Umschlag."

She takes the envelope and goes from the attic down to the living room. There she examines the stamp closely.

"It's best if I take it to a stamp shop," she told herself.

"Perhaps I can even sell the envelope."

The next time she's in Munich she goes to a stamp shop.

She opens the door and enters the shop.

"Good day!" a slim, young man greets her.

"Good day!" Helga says.

"What can I do for you?"

Helga takes the envelope from her handbag and hands it to the man. "What can you tell me about this?"

The man takes the envelope and examines it closely.

"Where have you got this envelope from?" he asks.

"I found it in my attic."

"Then you are very lucky. This is the first stamp there ever was in Bavaria. In those days Bavaria was still an independent kingdom. This stamp was available from 1$^{st}$ November 1849. The stamp alone is worth €1765. On the envelope it's worth a lot more. If you want to sell the stamp on the envelope, I'll pay you €3900."

Now Helga is happy. She is very happy and says: „Yes, gladly. I'll sell you the envelope."

---

**Bayern war bis 1870 ein unabhängiges Königreich.**
Bavaria was an independent kingdom until 1870.
**Bayern ist seit 1870 kein unabhängiges Königreich mehr.**
Bavaria has not been an independent kingdom since 1870.
**Die Vereinigten Staaten haben 1776 ihre Unabhängigkeit erklärt.**
The USA declared independence in 1776.
**Die Vereinigten Staaten sind seit 1776 unabhängig.**
The USA have been independent since 1776.

---

75

Der junge Mann nimmt Hunderteuroscheine aus der Kasse und zählt sie. Er gibt Helga neununddreißig Hunderteuroscheine. Dann verlässt Helga den Laden wieder und fährt zurück nach Hause.

Als Helga Ossenforth wieder bei sich daheim ist, setzt sie sich mit einer Tasse Tee auf das Sofa im Wohnzimmer und überlegt sich, was sie mit dem Geld machen wird. Sie denkt an verschiedene Sachen, die sie kaufen könnte. Aber dann hat sie eine bessere Idee: „Ich wollte schon immer einmal nach Wien reisen", sagt sie sich. „Ich werde Hans fragen, ob er mit mir nach Wien reisen möchte."

Wo ist Wien? Wien ist nicht in Deutschland. Wien ist die Hauptstadt von Österreich. Österreich ist ein unabhängiges Land. In Österreich sprechen die Menschen auch Deutsch.

Wer ist Hans? Hans ist Helgas Freund. Sie kennen sich seit zwei Jahren.

Was macht Helga jetzt? Erst nimmt sie ihr Handy und ruft Hans an.

„Hallo Hans, möchtest du nächstes Wochenende mit mir nach Wien fahren?"

„Ja, gerne, aber ich habe kein Geld."

„Das macht nichts. Ich habe genug Geld und werde für alles zahlen", sagt Helga und erzählt ihrem Freund, woher sie das Geld hat.

Was macht Helga, nachdem sie mit Hans telefoniert hat?

Sie schaltet ihren Computer ein. Mit dem Computer kauft sie erst zwei Fahrkarten für eine Zugfahrt nach Wien. Der Zug fährt am Freitag um sieben Uhr vierundzwanzig (7.24 Uhr) in München ab und kommt um elf Uhr dreißig (11.30 Uhr) in Wien an. Am Sonntag fährt der Zug um achtzehn Uhr sechs (18.06 Uhr) in Wien ab und kommt um zweiundzwanzig Uhr einunddreißig (22.31 Uhr) in München an.

The young man takes hundred euro notes / bills from the cash register and counts them. He hands Helga thirty-nine hundred euro notes. Then Helga leaves the shop again and returns home.

When Helga Ossenforth is at home again, she sits down in the living room with a cup of tea and thinks about what she's going to do with the money. She considers various things she could buy. Yet then she has a better idea: "I've always wanted to travel to Vienna," she says to herself. "I'll ask Hans if he would like to travel to Vienna with me."

Where is Vienna? Vienna isn't in Germany. Vienna is the capital of Austria. Austria is an independent country. People in Austria also speak German.

Who is Hans? Hans is Helga's friend. They've known one another for two years.

What is Helga doing now? First she takes her mobile phone and calls Hans.

„Hello Hans, would you like to go to Vienna with me next weekend?"

"Yes gladly, but I haven't got any money."

"That doesn't matter. I've got enough money and I'll be paying for everything," Helga says and tells her friend where she got the money from.

What does Helga do after she has phoned her friend? She turns on her computer. With the computer she first buys two train tickets to Vienna. The train leaves Munich on Friday at 7.24 am and arrives in Vienna at 11.30 am. On Sunday the train leaves Vienna at 18.06 pm and arrives at 22.31 pm in Munich.

Eine Hin- und Rückfahrt kostet einhundertundsieben Euro und siebzig Cent (€107,70). Für zwei Personen also zweihundertfünfzehn Euro vierzig (215,40).

Dann sucht Helga nach einem Hotel. Sie findet ein schönes Hotel in der Innenstadt. Ein Doppelzimmer mit Frühstück kostet vierhundertsechzig Euro (€460) für zwei Tage. Helga zahlt für das Hotel und die Fahrkarten mit ihrer Kreditkarte.

Was haben Hans und Helga in Wien gemacht?

Sie sind mit dem Wiener Riesenrad gefahren. Das Wiener Riesenrad ist über hundert Jahre alt. Eine Fahrt kostet zehn Euro für eine Person. Hans und Helga haben also zusammen zwanzig Euro bezahlt.

Sie haben Schloss Schönbrunn besucht. In Schloss Schönbrunn hat früher der Kaiser von Österreich gewohnt.

Sie haben den Stephansdom besucht. Der Stephansdom ist eine sehr große und alte Kirche. Der älteste Teil des Stephensdoms wurde dreizehnhundertvierzig (1340) gebaut.

Wiener Riesenrad

A return trip costs €107.70. So for two people this amounts to 215.40.

Then Helga looks for a hotel. She finds a nice hotel in the downtown area. A double room with breakfast costs €460 for two days. Helga pays for the hotel and the tickets with her credit card.

What did Hans and Helga do in Vienna?
They went on the giant ferris wheel of Vienna. The ferris wheel is more than a hundred years old. A ride costs ten euros per person. Hence Hans and Helga paid twenty euros together.

They visited Schönbrunn Palace. The emperor of Austria used to reside at Schönbrunn Palace.

They visited St. Stephen's Cathedral. St. Stephen's Cathedral is a very big and old church. The oldest part of St. Stephen's Cathedral was built in 1340.

Schloss Schönbrunn

Stephansdom

knien – to kneel
heiraten – to marry

Im Stephansdom hat Hans vor Helga gekniet.
Warum hat er vor ihr gekniet? Er hat vor ihr gekniet, weil er sie etwas fragen wollte.
Hans: „Liebe Helga! Willst du mich heiraten?"
Helga: „Ja gerne, lieber Hans. Ich will dich heiraten."
Dann hat Hans ihr etwas gegeben. Was hat er ihr gegeben? Er hat ihr einen Ring aus Gold gegeben.
Helga war sehr glücklich. Sie hat Hans schon lange geliebt.
Im Stephansdom waren viele Menschen. Sie haben gesehen, wie Hans vor Helga gekniet hat. Sie haben gehört, wie er gefragt hat, ob sie ihn heiraten wollte. Als Helga gesagt hat, dass sie ihn heiraten will, haben die Menschen dort gelacht und geklatscht. Alle haben sich gefreut.

| | |
|---|---|
| ich heirate | wir heiraten |
| du heiratest | ihr heiratet |
| er, sie heiratet | sie heiraten |

| | |
|---|---|
| ich habe geheiratet | wir haben geheiratet |
| du hast geheiratet | ihr habt geheiratet |
| er, sie hat geheiratet | sie haben geheiratet |

Hans knelt in front of Helga in St. Stephen's Cathedral. Why did he kneel in front of her? He knelt in front of her as he wanted to ask her something.

Hans: "Dear Helga! Will you marry me?"

Helga: "Yes gladly, dear Hans. I'll marry you."

Then Hans gave her something. What did he give her? He gave her a ring made of gold.

Helga was very happy. She has been in love with Hans for a long time.

There were a lot of people in St. Stephen's Cathedral. They saw Hans kneeling in front of Helga. They heard him asking her if she would marry him. When Helga said she would marry him the people there laughed and clapped their hands. They were all happy.

Helga hat auf ihrem Dachboden einen alten Brief mit einer seltenen Briefmarke gefunden. Sie hat diesen Brief für viel Geld verkauft. Weil sie viel Geld für die seltene Briefmarke bekommen hat, konnte sie mit ihrem Freund Hans nach Wien fahren. Im Stephansdom hat Hans vor seiner Freundin gekniet. Er hat sie gefragt, ob sie ihn heiraten wollte. Als sie ihm gesagt hat, dass sie ihn heiraten wollte, war er sehr glücklich.

Helga found an old letter with a rare stamp in her attic. She sold this letter for a lot of money. As she got a lot of money for the rare stamp, she was able to go to Vienna with her friend. Hans knelt in front of his girlfriend in St. Stephen's Cathedral. He asked her if she would marry him. When she told him that she would marry him he was very happy.

# 8. Das verzauberte Haus

Petra ratscht gerne mit ihren Freundinnen Marianne und Frauke. Heute sind die drei Freundinnen in einem Park. Sie müssen nicht in die Schule gehen, weil sie Ferien haben.

Petra: „Was sollen wir heute tun?"

Frauke zuckt mit den Achseln. „Ich weiß nicht, was ich vorschlagen kann. Am ersten Ferientag war ich noch aufgeregt, aber jetzt gibt es nichts zu tun."

Marianne: „Ich weiß überhaupt nicht, was ihr wollt. Wir haben selten genug Ferien. Als ich heute aufgewacht bin, habe ich mich gefreut, dass ich nicht in die Schule muss."

Petra: „Du hast ja recht, aber hier im Park sitzen und immer nur ratschen macht auch nicht viel Spaß."

Marianne: „Wir könnten zu mir gehen und eine Kissenschlacht machen. Ich habe viele Kissen in meinem Zimmer."

Frauke schüttelt den Kopf. „Das macht mir keinen Spaß. Mach das lieber mit deinem Bruder."

Petra: „Ich sammle Briefmarken. Wollt ihr meine Briefmarkensammlung anschauen?"

Ihre Freundinnen schütteln den Kopf.

Frauke: „Es ist zum Verrücktwerden. Wir haben Ferien und nichts macht uns Spaß. Ich möchte etwas ungewöhnliches machen. Was meint ihr?"

Marianne: „Du hast ja recht, aber was?"

Petra: „Kennt ihr das verzauberte Haus in dem Wald hinter dem Park?"

Frauke: „Ach was, das ist doch nur ein altes Haus."

Marianne: „Ich finde, wir sollten es uns anschauen. Wir haben kaum noch Geld und dein verzaubertes Haus ist wenigstens umsonst."

## 8. The enchanted house

Petra likes chatting with her friends Marianne and Frauke. Today the three friends are in a park. They don't have to go to school as it's their school holidays / vacation.

Petra: "What shall we do today?"

Frauke shrugs her shoulders. "I don't know what to suggest. On the first day of our holidays I was still excited, but now there's nothing to do."

Marianne: "I really don't know what you want. Our school holidays are rare enough. When I woke up today I was happy I didn't have to go to school."

Petra: "You're right, but always sitting in the park here and just chatting isn't much fun either."

Marianne: "We could go to my place and have a pillow fight. I've got lots of cushions in my room."

Frauke shakes her head. "I don't enjoy that. You'd better do so with your brother."

Petra: "I collect stamps. Would you like to look at my collection?"

Her friends shake their heads.

Frauke: "This is driving me crazy. We're on holiday and we're not enjoying anything. I'd like to do something unusual. What do you think?"

Marianne: "You're right, but do what?"

Petra: "Do you know the enchanted house in the forest behind the park?"

Frauke: "Oh come off it, it's just an old house."

Marianne: "I think we should go and look at it. We've got almost no money left and your enchanted house is free of charge at least."

Die drei Freundinnen gehen durch den Park zu dem Wald, in dem das verzauberte Haus steht. Es ist ein altes Haus, aus roten Ziegelsteinen gebaut. Auf der rechten Seite des Hauses steht ein hoher Turm. Hoch oben am Turm ist ein Fenster. Auf der linken Seite des Hauses ist kein Turm.

Frauke: „Schaut mal zu dem Fenster oben im Turm, da ist jemand."

Marianne: „Das ist aber komisch. Hier wohnt doch niemand."

Petra lacht. „Ich habe euch ja gesagt, dass das Haus verzaubert ist."

Frauke: „Ich kann mich nicht so recht entscheiden, ob wir wirklich hineingehen sollen."

Marianne: „Was gibt es da zu entscheiden? Wir sind doch hergekommen, um uns das Haus anzuschauen."

Petra sagt nichts und geht auf die Haustüre zu. Die Türe ist nicht abgesperrt. Petra öffnet sie und betritt das verzauberte Haus. Es ist dunkel im Haus. Es kommt nur wenig Licht durch die Fenster.

„Hallo! Ist da jemand!", ruft Petra sehr laut. Es gibt keine Antwort. Sie hört nichts.

Marianne und Frauke folgen ihr in das Haus. Sie schauen sich um. Rechts sehen sie eine Treppe, die in den Turm führt. Links sehen sie einen braunen Holztisch, auf dem acht rote Kerzen stehen.

Frauke: „Schaut mal, da stehen Kerzen. Das ist gut, dann haben wir Licht."

anzünden – to light, to set on fire
eine Kerze anzünden – to light a candle
erscheinen – to appear

The three friends walk through the park to the forest in which the enchanted house is. It's an old house made of red bricks. There is a tall tower on the right side of the house. There is a window high up in the tower. There is no tower on the left side of the house.

Frauke: "Just look at the window up in the tower. There's someone there."

Marianne: "That's odd. No one lives here."

Petra laughs. "I told you that it's an enchanted house."

Frauke: "I can't quite make up my mind whether we should go in."

Marianne: "What is there to decide? Didn't we come here to look at the house?"

Petra says nothing and goes towards the front door. The door isn't locked. Petra opens it and enters the enchanted house. It's dark in the house. Only little light comes through the windows.

"Hello! Is there anyone!" Petra calls very loudly. There is no answer. She hears nothing.

Marianne and Frauke follow her into the house. They look around. On the right they see stairs leading up the tower. On the left they see a brown, wooden table on which there are eight red candles.

Frauke: "Look at this, there are candles. That's good, then we have light."

| ich zünde die Kerze an | wir zünden die Kerze an |
|---|---|
| du zündest die Kerze an | ihr zündet die Kerze an |
| er, sie zündet die Kerze an | sie zünden die Kerze an |

Marianne: „Und wie willst du die Kerzen anzünden?"
Petra nimmt eine Kerze und schaut sie ungeduldig an. „In einem verzauberten Haus sollte das kein Problem sein. Kerze! Ich zünde dich an!"
Kaum hat sie es gesagt, da brennt die Kerze auch schon. Jetzt sind die drei Freundinnen aufgeregt.
Da sagt Frauke: „Tischlein, deck dich!"
Sofort erscheinen Teller und Gläser auf dem Tisch. Neben den Tellern liegen Messer, Gabeln und Löffel. Auf den Tellern liegen Schweinebraten und Knödel, Bratwürste und Sauerkraut. In den Gläsern ist Orangensaft. Eine Kaffeekanne steht nicht auf dem Tisch, aber die Mädchen wollen ja auch keinen Kaffee trinken. Sind die Teller aus Silber gemacht? Nein, sie sind aus Porzellan gemacht.
Marianne: „Das ist ja wunderbar! So einen Tisch möchte ich daheim auch haben. Ob wir das essen können?"
Petra nimmt Messer und Gabel und schneidet ein Stück Bratwurst ab. Sie steckt es in den Mund. „Das schmeckt sehr gut. Zum Glück ist es nicht vegetarisch, das mag ich nicht." Sie setzt sich auf einen Stuhl und beginnt zu essen.
Marianne und Frauke schauen einander kurz an und setzen sich dann auch an den Tisch. Die drei Mädchen essen und trinken glücklich miteinander. Während sie essen, ratschen sie nicht. Sie sagen nichts. Als sie gegessen haben, meint Frauke: „Das ist besser hier als in einem Restaurant. Man braucht nicht einmal eine Speisekarte und zahlen müssen wir auch nicht."
Marianne: „Sag mal Petra, woher wusstest du, dass das Haus verzaubert ist? Warst du hier schon einmal?"
Petra lächelt. „Das Haus wurde von meinen Vorfahren gebaut."
„Deine Vorfahren haben das Haus gebaut?", fragt Frauke. „Gehört es deiner Familie?"
„Ja, es gehört meiner Familie, aber wir kommen sonst nur hierher, wenn jemand heiratet."

Marianne: "And how do you want to light the candles?"

Petra takes a candle and looks at it impatiently. "In an enchanted house that shouldn't be a problem. Candle! I light you!"

She has barely said this when the candle is already lit. Now the three friends are excited.

Then Frauke says: "Table be laid!"

At once plates and glasses appear on the table. There are knives, forks and spoons lying next to the plates. On the plates there is roast pork and dumplings, roast sausages and sourcrout. There is orange juice in the glasses. There is no coffee pot on the table, but then the girls don't want to drink any coffee. Are the plates made of silver? No, they're made of china.

Marianne: "This is wonderful! I'd like to have a table like this at home too. I wonder whether we can eat this?"

Petra takes a knife and fork and cuts off a piece of roast sausage. She puts it in her mouth. "It tastes very good. Fortunately it isn't vegetarian. I don't like that." She sits down on a chair and begins to eat.

Marianne and Frauke look at one another briefly and then also sit down at the table. The three girls eat and drink together happily. While they're eating they aren't chatting. They say nothing. When they've finished eating Frauke says: "This is much better than in a restaurant. You don't even need a menu and we don't have to pay anything either."

Marianne: "I say Petra, how did you know that the house is enchanted? Have you been here before?"

Petra smiles. "The house was built by my ancestors."

"Your ancestors built this house?" Frauke asks. "Does it belong to your family?"

"Yes, it belongs to my family, but normally we only come here when someone is getting married."

Marianne: „Haben deine Eltern hier geheiratet?"

Petra: „Ja, aber da war ich natürlich nicht hier."

Frauke: „Ich möchte sehen, wie deine Eltern geheiratet haben."

Plötzlich hören sie Musik. Viele Leute erscheinen vor ihnen. Da sind die Eltern von Petra. Petras Vater kniet vor ihrer Mutter und fragt sie etwas. Sie lacht und antwortet. Dann steht Petras Vater wieder auf. Er steckt einen Ring an ihren Finger und sie steckt einen Ring an seinen Finger. Die beiden Ringe sind aus Gold. Dann hört die Musik auf und man sieht nichts mehr.

Die drei Freundinnen sind sehr aufgeregt. So etwas haben sie noch nie gesehen. Da kommen drei Fliegen durch das Zimmer geflogen. Vor jedem Mädchen fliegt eine Fliege. Dann fliegen die Fliegen in Richtung der Treppe im Turm.

Petra: „Ich denke, wir sollten den Fliegen folgen."

Frauke: „Verzauberte Fliegen! Was wir im Turm wohl finden werden?"

Die drei Freundinnen folgen den Fliegen. Sie gehen im Turm auf der Treppe nach oben. Dort schauen sie aus dem Fenster. Vor dem Haus stehen drei Mädchen.

„Das sind ja wir!", sagt Frauke aufgeregt. „Als ich vorhin zum Fenster hochgeschaut habe, habe ich mich gesehen. Und jetzt schaue ich aus dem Fenster und sehe mich wieder." Sie schüttelt den Kopf. So etwas ist ihr noch nie passiert.

Marianne: „Die Fliegen sind durch diese Türe geflogen."

Sie folgen den Fliegen durch die Türe. Dort ist ein großer Dachboden. Auf dem Boden liegt eine Decke. Die Fliegen landen auf der Decke. Die Mädchen folgen ihnen und setzen sich auch auf die Decke. Sie schauen sich um. Sonst gibt es nichts auf dem Dachboden.

„Und was machen wir hier?", fragt Marianne. „Der Dachboden gefällt mir nicht. Ich möchte an einem Strand sein."

Marianne: "Did your parents get married here?"

Petra: "Yes, but of course I wasn't here then."

Frauke: "I would like to see how your parents got married."

Suddenly they hear music. A lot of people appear in front of them. There are Petra's parents. Petra's father is kneeling in front of her mother and is asking her something. She laughs and answers. Then Petra's father stands up again. He puts a ring on her finger and she puts a ring on his finger. The two rings are made of gold. Then the music stops and there is nothing more to be seen.

The three friends are very excited. They have never seen anything like it before. Then three flies come flying through the room. There is one fly flying in front of each girl. Then the flies fly towards the stairs in the tower.

Petra: "I think we should follow the flies."

Frauke: "Enchanted flies! I wonder what we'll find in the tower?"

The three friends follow the flies. They go upstairs in the tower. There they look out of the window. There are three girls in front of the house.

"Hey, that's us," Frauke says excitedly. "When I looked up to the window earlier on I saw myself. And now I'm looking out of the window and I'm seeing myself again." She shakes her head. Nothing like this has ever happened to her before.

Marianne: "The flies have flown through this door."

They follow the flies through the door. There is a large attic. There is a blanket on the floor. The flies land on the blanket. The girls follow them and sit down on the blanket. They look around. There is nothing else in the attic.

"And what are we to do here?" Marianne asks. "I don't like the attic. I'd like to be at the beach."

Da erscheint vor ihnen das Meer. Die Decke, auf der sie sitzen, liegt jetzt auf Sand. Sie sind an einem Strand. Über ihnen scheint die Sonne an einem blauen Himmel. Rechts neben ihnen gibt es einen Stand. Dort gibt es alles, was man am Strand braucht. Die Mädchen stehen auf. Es ist heiß.

„Mir ist heiß", sagt Petra. Sie geht zum Stand und nimmt sich Badekleidung.

„Mir ist auch sehr heiß", sagt Marianne und folgt Petra.

Die drei Freundinnen nehmen sich Badekleidung. Sie ziehen die Badekleidung an und gehen dann ins Wasser. Sie haben viel Spaß im Wasser.

Nach einigen Stunden sagt Petra: „Ich bin müde. Ich möchte wieder zurückgehen."

„Ja", sagt Frauke. „Ziehen wir wieder unsere Kleider an."

Die Freundinnen verlassen das Wasser und ziehen ihre Kleider an. Dann setzen sie sich auf die Decke. Plötzlich erscheint der Dachboden wieder. Sie stehen auf und gehen zum Turm zurück. Sie schauen aus dem Fenster. Die Sonne steht tief am Himmel.

„Es ist schon Abend", sagt Marianne.

„Der Besuch im verzauberten Haus hat mir sehr gut gefallen", sagt Frauke, „aber jetzt sollten wir gehen. Vielleicht können wir das Haus morgen wieder besuchen."

Petra lächelt. Sie freut sich, dass das verzauberte Haus ihren Freundinnen gefallen hat. Die Mädchen verlassen das Haus und gehen wieder nach Hause. Ferien in einem verzauberten Haus sind natürlich eine große Gaudi. Und wie ist es mit Ihnen? Möchten Sie auch einmal das verzauberte Haus besuchen?

| ich habe vorgeschlagen | wir haben vorgeschlagen |
|---|---|
| du hast vorgeschlagen | ihr habt vorgeschlagen |
| er, sie hat vorgeschlagen | sie haben vorgeschlagen |

The sea appears in front of them. The blanket they are sitting on is now lying on sand. They are at a beach. Above them the sun is shining in a blue sky. To their right there is a stall. There you can get everything you need at the beach. The girls get up. It's hot.

"I'm feeling hot," Petra says. She goes to the stall and takes some swimwear.

"I'm also feeling hot," Marianne says and follows Petra.

The three friends take swimwear. They put the swimwear on and then go into the water. They have lots of fun in the water.

After a few hours Petra says: "I'm tired. I'd like to go back now."

"Yes," Frauke says. "Let's put our clothes on again."

The three friends get out of the water and put their clothes on again. Then they sit down on the blanket. Suddenly the attic appears again. They stand up and go back to the tower. They look out of the window. The sun is low in the sky.

"It's evening already, " Marianne says.

"I really liked our visit to the enchanted house," Frauke says, " but now we should go. Maybe we can visit the house again tomorrow."

Petra smiles. She's happy that her friends enjoyed the enchanted house. The girls leave the house and go home again. School holidays in an enchanted house are lots of fun, of course. And what about you? Would you also like to visit the enchanted house sometime?

---

**Das verzauberte Haus ist ungewöhnlich.**
The enchanted house is unusual.
**Der Turm des verzauberten Hauses ist hoch.**
The tower of the enchanted house is high.
**Die Mädchen waren aufgeregt in dem verzauberten Haus.**
The girls were excited in the enchanted house.
**Petra hat vorgeschlagen das verzauberte Haus zu besuchen.**
Petra suggested visiting the enchanted house.

---

## 9. Eine gute Gelegenheit

die Gelegenheit – the opportunity

Karl: „Nächsten Monat wird es im Park einen Flohmarkt geben. Ich finde, das ist eine gute Gelegenheit, einige Sachen zu verkaufen, die wir auf dem Dachboden haben. Was meinst du?"
Alice: „Du hast recht. Es stehen zu viele Sachen auf dem Dachboden, die wir nicht brauchen, aber etwas Geld könnten wir schon gebrauchen."

| ich werde verkaufen | wir werden verkaufen |
|---|---|
| du wirst verkaufen | ihr werdet verkaufen |
| er, sie, es wird verkaufen | sie werden verkaufen |

Alice und Karl sind verheiratet. Sie haben vor neun Jahren geheiratet. Haben sie im Park geheiratet? Nein, natürlich nicht. Sie haben in einer Kirche geheiratet. Immer wenn sie etwas nicht mehr brauchen, stellen sie es auf den Dachboden. Jetzt ist der Dachboden voll. Es gibt sehr viele Sachen auf dem Dachboden. Viele dieser Sachen brauchen sie nicht mehr. Sie werden sie auf dem Flohmarkt verkaufen, denn sie brauchen Geld. Was werden sie machen? Sie werden die Sachen, die sie verkaufen wollen, vom Dachboden nach unten bringen. Sie werden damit zum Flohmarkt gehen. Dort werden sie einen Stand aufbauen. Sie werden ihre Sachen verkaufen. Sie werden Geld bekommen. Sie werden mit dem Geld, aber ohne die Sachen wieder nach Hause gehen. Was werden sie mit dem Geld machen? Das wissen sie noch nicht.
Was wollen Karl und Alice verkaufen? Sie wollen Kleidung verkaufen. Sie haben einen gelben Schal, einen grauen Anorak, ein weißes Hemd, eine blaue Hose und eine grüne Mütze aus Wolle.

# 9. A good opportunity

Karl: "There's going to be a flea market in the park next month. I think that's a good opportunity to sell some things we have in the attic. What do you think?"

Alice: "You're right. There are too many things in the attic that we don't need, but we could do with some money."

Alice and Karl are married. They got married nine years ago. Did they get married in the park? No, of course not. They got married in a church. Whenever they don't need something anymore they put it in the attic. Now the attic is full. There are a lot of things in the attic. They don't need many of these things anymore. They will sell these at the flea market, as they do need money. What are they going to do? They are going to bring the things they want to sell downstairs from the attic. They are going to take them to the flea market. There they are going to put up a stall. They are going to sell their things. They'll get money. They are going to return home with the money, but without the things. What are they going to do with the money? They don't know yet.

What do Karl and Alice want to sell? They want to sell clothes. They've got a yellow scarf, a grey anorak, a white shirt, a pair of blue trousers and a green wool cap.

der gelbe Schal        der graue Anorak

Sie wollen ein Buch verkaufen. Es ist ein Buch über die Geschichte der Vereinigten Staaten und wie diese unabhängig wurden.

Sie wollen eine Münze verkaufen. Ist die Münze aus Kupfer? Nein, sie ist aus Silber. Es ist eine Silbermünze aus Deutsch Ostafrika. Dieses Land ist heute unabhängig und heißt Tanzania. Auf der Münze steht:

Deutsch Ostafrika
Eine Rupie (1 Rupie)
Neunzehnhundertvier (1904)

das weiße Hemd                die blaue Hose

They want to sell a book. It's a book about the history of the United States and how they became independent.

They want to sell a coin. Is it a copper coin? No, it's made of silver. It's a silver coin from German East Africa. That country is independent today and is called Tanzania. On the coin it says:

German East Africa
One Rupee
1904

Gibt es noch andere Sachen, die sie verkaufen wollen? Ja, noch viel mehr Sachen. Karl hat früher Briefmarken gesammelt. Er möchte die Briefmarken verkaufen. Alice hat eine Kiste voller Kerzen. Sie möchte die Kerzen verkaufen. Welche Farbe haben die Kerzen? Es sind Kerzen in vielen verschiedenen Farben. Sie haben auch ein Bild, das sie verkaufen wollen. Ist es ein altes Bild? Nein, es ist ein neues Bild. Das Bild ist modern. Es gefällt Alice und Karl nicht.

Wie lange ist es noch bis zum Flohmarkt? Es sind noch vierzehn Tage bis zum Flohmarkt. Alice und Karl müssen also noch zwei Wochen warten, bis sie ihre Sachen verkaufen können.

Endlich ist der Tag des Flohmarkts gekommen. Es ist ein Samstag. An einem Samstag arbeiten die Menschen nicht. Deshalb haben sie Zeit, zum Flohmarkt zu gehen. Der Flohmarkt wird um neun Uhr vormittags beginnen. Alice und Karl sind schon um halb neun da. Sie müssen ihren Stand aufbauen.

hoffen – to hope

| ich hoffe | wir hoffen |
|---|---|
| du hoffst | ihr hofft |
| er, sie, es hofft | sie hoffen |

Alice: „Ich freue mich schon. Ich hoffe, wir verkaufen heute alles."

Karl: „Das hoffe ich auch. Den Stand haben wir aufgebaut und unsere Sachen liegen bereit. Jetzt müssen nur noch viele Leute kommen und etwas kaufen."

Alice: „Wie viel Uhr ist es?"

Karl: „Es ist zehn vor zehn (9.50 Uhr)."

Alice: „Und wann geht der Flohmarkt zu Ende?"

Are there any other things they want to sell? Yes, a lot more things. Karl used to collect stamps. He wants to sell the stamps. Alice has got a box full of candles. She wants to sell the candles. What colour are the candles? There are candles in many different colours.

They also have a picture they want to sell. Is it an old picture? No, it's a new picture. It's a modern picture. Alice and Karl don't like it.

How much time is there till the flea market? It's another fortnight till the flea market. So Alice and Karl have to wait another two weeks till they can sell their things.

At last it's the day of the flea market. It's a Saturday. People don't work on Saturdays. That's why they've got time to go to the flea market. The flea market is due to start at 9 am. Alice and Karl are already there at half past eight. They have to put up their stall.

| ich habe gehofft | wir haben gehofft |
|---|---|
| du hast gehofft | ihr habt gehofft |
| er, sie, es hat gehofft | sie haben gehofft |

Alice: "I'm really looking forward to this. I hope we'll sell everything today."

Karl: "I hope so, too. We've put up the stall and our things are lying there ready (to be sold). Now all we need is lots of people coming and buying something."

Alice: "What time is it?"

Karl: "It's ten to nine."

Alice: "And when does the flea market finish?"

99

Karl: „Der Flohmarkt wird um vierzehn Uhr schließen. Wir werden also noch über fünf Stunden hier stehen müssen."

Alice: „Ich hoffe, dass jetzt viele Leute kommen und alles bei uns kaufen. Wenn wir um zehn Uhr alles verkauft haben, können wir früher nach Hause gehen."

Karl lacht. „Ja, das wäre schön. Aber man sollte nicht zu viel hoffen. Ich bin schon froh, wenn wir das erste Ding verkaufen."

Alice: „Ich denke, wir müssen nicht mehr lange warten. Da kommen schon die ersten Leute."

Ein Mann kommt an ihren Stand. Er schaut sich die Sachen an und sieht die Silbermünze.

Mann: „Wie viel kostet die Münze?"

Karl: „Einhundert Euro."

Mann: „Das ist sehr viel. Ich zahle Ihnen siebzig Euro."

Karl: „Das ist nicht genug."

Mann: „Also gut, achtzig Euro."

Karl: „Sagen wir fünfundachtzig Euro und die Münze gehört Ihnen."

Der Mann nimmt seinen Geldbeutel aus der Hosentasche. Er gibt Karl das Geld und nimmt die Silbermünze. Er freut sich, dass er die seltene Münze gekauft hat. Karl freut sich, dass er jetzt fünfundachtzig Euro hat.

Es kommen immer mehr Menschen auf den Flohmarkt. Alice und Karl verkaufen immer mehr Sachen. Sie haben jetzt immer mehr Geld.

Alice: „Ich werde verrückt. Es ist erst Viertel nach zehn und wir haben schon alles verkauft."

Karl: „Nur die grüne Wollmütze ist noch da. Aber das ist mir egal." Er nimmt die Mütze und setzt sie auf den Kopf.

Alice lacht. „So siehst du sehr schön aus. Wie viel Geld haben wir für unsere Sachen bekommen?"

Karl: "The flea market closes at 2 pm. So we'll still have to stand here for more than five hours."

Alice: "I hope that a lot of people come now and buy everything from us. If we have sold everything by ten o'clock we can go home earlier."

Karl laughs. "Yes, that would be nice. But you shouldn't hope for too much. I'll be quite happy when we sell the first item."

Alice: "I think we won't have much longer to wait. There are the first people coming."

A man comes to the stall. He looks at the things and sees the silver coin.

Man: "How much is the coin?"

Karl: "One hundred euros."

Man: "That's really a lot. I'll pay you seventy euros."

Karl: "That's not enough."

Man: "All right, eighty euros."

Karl: "Let's say eighty-five euros and the coin is yours."

The man takes his wallet from his trouser pocket. He gives Karl the money and takes the coin. He is happy that he has bought the rare coin. Karl is happy that he has now got eighty-five euros.

More and more people come to the flea market. Alice and Karl sell more and more things. Now they have more and more money.

Alice: "I can't believe it. It's only quarter past ten and we've already sold everything."

Karl: "Only the green wool cap is still here. But I don't care." He takes the cap and puts it on his head.

Alice laughs. "You look really nice like this. How much money did we get for our things?"

Karl zählt das Geld. „Wir haben fünfhundertsechsundsiebzig Euro (€576). Der Flohmarkt war wirklich eine gute Gelegenheit, unsere alten Sachen zu verkaufen und Geld zu bekommen."

Alice: „Und wir haben wieder mehr Platz auf dem Dachboden."

Karl: „Was wollen wir jetzt machen?"

Alice: „Erst gehen wir nach Hause. Und heute Nachmittag möchte ich in die Stadt fahren. Jetzt wo wir Geld haben, ist es eine gute Gelegenheit, neue Kleider zu kaufen."

Karl gibt seiner Frau die Hälfte des Geldes. „Hier bitte sehr. Viel Spaß beim Einkaufen."

Alice lächelt und die beiden gehen zufrieden nach Hause.

| ich habe verkauft | wir haben verkauft |
|---|---|
| du hast verkauft | ihr habt verkauft |
| er, sie, es hat verkauft | sie haben verkauft |

Karl counts the money. "We've got €576. The flea market was a really good opportunity to sell our old things and to get money.

Alice: „And we've got more space in the attic again."
Karl: „What shall we do now?"
Alice: „First we'll go home. And this afternoon I want to go into town. Now we've got some money this is a good opportunity to buy some clothes."
Karl gives his wife half the money. „Here you are. Have fun shopping."
Alice smiles and the two go home feeling satisfied.

## 10. Wieviel Uhr ist es? (In der Umgangssprache)

9.00 – neun Uhr
9.05 – fünf nach neun
9.10 – zehn nach neun
9.15 – Viertel nach neun
9.20 – zwanzig nach neun
9.25 – fünf vor halb zehn
9.30 – halb zehn
9.35 – fünf nach halb zehn
9.40 – zwanzig vor zehn
9.45 – drei viertel zehn / Viertel vor zehn
9.50 – zehn vor zehn
9.55 – fünf vor zehn
10.00 – zehn Uhr

Was werden Klaus und Gudrun morgen machen?

Klaus: „Ich werde um Viertel nach sechs aufwachen und sofort aufstehen. Wann wirst du aufstehen?

Gudrun: „Ich werde morgen nicht früh aufstehen. Ich werde bis um halb zehn schlafen. Warum wirst du so früh aufstehen?"

Klaus: „Ich muss morgen in die Arbeit. Ich werde daher um halb sieben frühstücken, um drei viertel sieben werde ich meine Zähne putzen und mich dann anziehen. Um sieben Uhr werde ich das Haus verlassen und in die Arbeit fahren."

Gudrun: „Um diese Zeit werde ich noch schlafen. Ich habe mir nämlich ein paar Tage frei genommen."

Klaus: „Da hast du Glück. Ich werde mit der U-Bahn in die Arbeit fahren und dort gegen zwanzig vor acht ankommen. Dann beginnt mein Arbeitstag. Ich werde bis zwölf Uhr arbeiten. Von zwölf bis Viertel vor eins habe ich meine Mittagspause und dann muss ich wieder bis sechzehn Uhr dreißig (16.30) arbeiten. Nach der Arbeit werde ich wieder nach Hause fahren.

## 10. What time is it? (In colloquial language)

15.00 – fünfzehn Uhr / drei Uhr
15.05 – fünf nach drei
15.10 – zehn nach drei
15.15 – Viertel nach drei
15.20 – zwanzig nach drei
15.25 – fünf vor halb vier
15.30 – halb vier
15.35 – fünf nach halb vier
15.40 – zwanzig vor vier
15.45 – drei viertel vier / Viertel vor vier
15.50 – zehn vor vier
15.55 – fünf vor vier
16.00 – sechzehn Uhr / vier Uhr

What are Klaus and Gudrun going to do tomorrow?

Klaus: "I'm going to wake up at quarter past six and get up at once. When are you getting up?"

Gudrun: "I won't get up early tomorrow. I'm going to sleep until half past nine. Why are you getting up so early?"

Klaus: "I have to go to work tomorrow. That's why I'm going to have breakfast at half past six, at a quarter to seven I'm going to brush my teeth and get dressed. At seven o'clock I'm going to leave home and go to work."

Gudrun: "At that time I'll still be sleeping. For I have taken a few days off."

Klaus: "Then you're lucky. I'll be going to work by metro and I'll arrive there at around twenty to eight. Then my day at work begins. I'm going to work till twelve o'clock. From twelve till a quarter to one is my lunch break and then I have to work until four thirty pm again. After work I'm going home again."

Ich werde gegen Viertel nach fünf (17.15) wieder daheim sein. Um achtzehn Uhr werde ich abendessen. Nach dem Abendessen, so gegen halb sieben, werde ich fernsehen. Ich werde wohl bis gegen zweiundzwanzig Uhr (22.00) fernsehen und dann ins Bett gehen."

Gudrun: „Ich werde erst um zehn Uhr frühstücken. Nach dem Frühstück, gegen halb elf, werde ich an den Strand gehen. Dort werde ich bis zum Mittag in der Sonne liegen. Ich werde erst spät mittagessen, weil ich spät aufgestanden bin. Ich werde nicht vor halb zwei mittagessen. Nach dem Mittagessen werde ich mich mit ein paar Freundinnen treffen. Wir werden den Nachmittag in der Stadt verbringen."

Klaus: „Was wirst du am Abend machen?"

Gudrun: „Ich werde mit meinen Freundinnen ins Kino gehen. Wir werden dort einen Film anschauen. Der Film beginnt um zwanzig Uhr (20.00) und endet um einundzwanzig Uhr dreißig (21.30). Nach dem Film werde ich wieder nach Hause gehen. Ich finde es sehr schön, ein paar Tage freizunehmen."

I'll be back home at around quarter past five. At 6 pm I'm going to have supper. After supper at around half past six I'm going to watch TV. I suppose I'll be watching TV until around 10 pm and then go to bed."

Gudrun: "I'm only going to have breakfast at 10 am. After breakfast, at around half past ten, I'm going to the beach. There I'll be lying in the sun until noon. I'll be having a late lunch as I got up late. I won't be having lunch before half past one. After lunch I'm meeting some friends. We'll be spending the afternoon in town."

Klaus: "What are you going to do in the evening?"
Gudrun: "I'm going to the cinema with my friends. We're going to watch a film there. The film starts at 8 pm and finishes at 9.30 pm. After the film I'm going home again. I think it's very nice to take a few days off."

This book is an independent effort. Thank you for supporting free authors. Please let others know how you liked this book and write a review on Amazon, thanks. Should you find a mistake please contact the author at:

books@briansmith.de

# www.briansmith.de

**By the same author**

Super 500 German Easy Reader

German Easy Reader 2 – Adventures in Bavaria

Super 1000 German Pre-intermediate Reader

German Intermediate Readers:

- Excitement in Munich

- Winter Wonderland

- Bliss in Bavaria

German Power Reader – Super Grammar

Printed in Great Britain
by Amazon